현금이 도는
장사를 해라

돈의 물줄기가 마르지 않는 1급 장사의 비밀

현금이 도는 장사를 해라

| 손봉석 지음 |

다산북스

프롤로그

현금이 없으면 장사도 없다

장사를 하는 사람이라면 누구나 현금의 중요성을 알고 있다. 다들 마음으로는 현금경영을 하려 하지만 실제로 해보려고 하면 잘되지 않는다. 그 이유가 뭘까?

일반 자영업자들은 회계사나 변호사, 의사들은 전문직이니 돈 버는 걱정은 없을 거라고 말들을 하지만 사실 이들도 지식으로 먹고 사는 자영업자이므로 보통 장사하는 사람들과 똑같은 고민을 한다. 왜 매출이 잘 나오지 않을까 걱정을 하고, 월말이 되면 왜 통장에 잔고가 없는지, 또 돈이 다 어디로 사라져버렸는지 의아해한다. 사람들은 변호사나 의사가 돈 잘 버는 전문직이라고 생각하지만 실제로 이들을 만나보면 항상 돈이 없다는 푸념을 한다. 또 회계사는 직업적 특성상 무조건 돈 관리를 잘할 것이라고 생각하지만 현실은 시장에서 장사하시는 분들과 별반 다를 것이 없다. 남의 머리만 잘

깎았지, 자기 머리는 어떻게 깎아야 할지 모르는 경우가 대부분이다.

회계컨설팅을 본업으로 하는 우리 회사에서는 가장 중요한 것이 사람이다. 결국 가장 중요한 숫자는 인건비. 그리고 가장 중요한 숫자인 현금매출과 인건비를 연동시켜 '몸값의 3배 부가가치'를 내는 것을 핵심 숫자로 정의한다. 직원들이 각자 몸값의 3배 이상만 현금을 벌어주면 회사는 이익이나 현금에 아무런 문제없이 잘 돌아간다. 그러면 어떻게 해야 몸값의 3배를 벌어올 수 있을까?

우리 회사는 매일 현금실적을 올린다. 1인당 맡고 있는 거래처 수나 매출액에는 아예 관심이 없는 것처럼 직원들에게 말도 꺼내지 않고 다만 현금수입 내역만 공유한다. 현금수입에 비하면 매출 자체는 중요하지 않다는 것을 직원들에게 알려주기 위해서다.

나는 매일 아침마다 직원교육을 하는데 이때도 교육자료 맨 앞에 이번 달 목표액과 오늘까지의 현금매출 누적액을 첨부한다. 직원들은 교육하는 동안 간간히 그 숫자를 눈과 가슴으로 읽으며 매일 현금매출에 대해 경각심을 갖게 된다. 지금까지 일한 것이 현금매출로 표시되니 아무리 열심히 일을 했다 하더라도 현금매출이 없는 것은 일을 잘 못한 게 된다.

현금매출은 우리가 무슨 일을 어떻게 했는지 보여주는 가장 중요한 지표다. 우리 회사 직원들은 일주일이 지나면 월 현금매출 목표액과 실제 현금매출 누적액을 비교하여 한 달을 기준으로 매주 25 퍼센트의 현금매출이 달성되었는지를 체크한다. 따라서 직원의 입장에서는 일을 할 때 항상 이것이 얼마짜리 일이고 언제 돈이 들어오는지를 먼저 생각하게 된다.

우리 회사가 이토록 현금매출을 체크하지 않으면 직원들도 그냥 일을 하고 고객이 요구하는 일을 해주는 데에 그치겠지만 매주 공유하니 고객이 요청을 할 때 이 일이 얼마짜리 일인지, 돈을 잘 주는 고객인지, 미수금은 얼마인지 먼저 생각하고 일을 하게 되었다. 만약 미수금이 많은 고객이 어떤 일을 요청했다면 우리 직원들은 자연스럽게 일을 해주면서 미수금을 요청하고 미수금이 들어와야 일을 할 것처럼 행동하여 고객을 설득할 것이다. 고객은 언제나 돈을 지급할 만한 가치를 얻었다고 생각하면 돈을 지급한다. 그런데 돈을 지급할 만한 일의 가치를 금방 잊어버린다. 서비스를 받고 일주일만 지나면 그때부터는 돈을 안 주거나 깎을 명분을 찾기 시작한다. 그래서 물건을 팔거나 일을 해주고 나면 고객이 그 가치를 잊어버리기 전에 돈을 받아야 한다. 회사에서 하는 일을 현금매출로 바로 연결시키는 것이 일의 목적인 것이다.

그냥 매출실적만 강조하면 직원들은 매출목표를 얼마나 달성했는지에 따라 평가받으려고 한다. 매출에 맹목적이 되어 다른 것은 신경 쓰지 않고 매출을 올리는 데 혈안이 된다. 즉 할인판매나 무이자 할부, 어음거래 등을 시작하며 결국 현금이 부족해진다.

나는 업무를 할 때 직원들이 채권회수와 관련된 사항들을 놓치지 않도록 매번 미수금 내역을 체크한다. 또 고객이 문의하는 사항을 그냥 컨설팅하지 않고 매번 그룹 채팅방에 올려 공유하도록 한다. 고객에게 미수금을 어떻게 청구하면서 일을 할지도 알려준다.

기계적으로 일만 하지 않고, 일을 해주면서 미수금 청구를 함께 하도록 만드는 것이다. 그러면 직원들은 고객에게 받을 돈이 얼마인지 파악하며 자연스레 현금에 관심을 갖게 된다. 한 달 현금 회수 목표를 달성하면 직원들에게 휴가 등의 인센티브를 제공하는 것도 좋은 방법이다.

나는 이런 현금 중심의 관리를 우리 집에서부터 시작해 회사에도 적용했고 고객 컨설팅으로까지 확장시켰다. 그런데 이 방법을 장사하는 분들께 알려주었을 때 이해를 하면서도 실행으로 옮기는 것은 어려워하는 모습을 많이 봤다. 그 원인은 전 직원이 움직이지 않고 사장 혼자 현금관리를 하려고 하기 때문이다. 나는 이 책에서 3개의 현금 흐름으로 회사 전체가 움직이는 현금관리시스템을 설명하고자 한다. 시스템을 만들 때 조금 불편할 수는 있지만 만들어놓기만 하면 시행하는 것 자체는 별로 어렵지 않다. 무엇보다 시스템은 자동으로 이루어지는 것이기 때문에 매번 골머리를 앓으며 현금관리를 하지 않아도 된다.

장사를 하는 사장이라면 누구나 월급날이 다가올 때 돈 걱정으로 잠을 못 이룬 경험이 있을 것이다. 그러나 월급날에 어떻게 하면 더 큰 성과를 내서 직원들에게 급여를 더 줄 수 있을지를 고민하는 사장도 있다. 개인적으로 나는 월급날이 두려운 적이 거의 없었다. 물론 일반 자영업 규모의 컨설팅 회사라 대기업에 비하면 전체 급여가 적기 때문이기도 하지만 결정적인 이유는 현금관리에 특별히 노력을 기울이고 있기 때문이다. 나에게 월급날은 직원들에게 월급 주는 기쁨이 있는 날이자 또 어떻게 하면 직원들의 월급을 올려줄 수 있을지 고민하는 날이기도 하다. 통장관리를 제대로 하여 월급날에 가장 행복한 회사가 되는 것, 또 대한민국 모든 사장들이 월급날에 가장 행복하기를 바라는 마음에서 이 책을 썼다.

항상 내가 세상을 살아가는 의미와 용기를 주는 아내와 예림, 현빈, 채니, 겸이에게 사랑한다는 말을 하고 싶다.
또 하루 종일 내 손발이 되어 자료를 수집하고 고객과 미팅 내용을 100퍼센트 복원하여 책의 소재를 만들어주는 비서 은민, 정수매니저에게도 고마움을 전한다. 이제 현금이 도는 장사 이야기를 시작해보자.

손봉석

| 차례 |

프롤로그 | 현금이 없으면 장사도 없다 … 04

1장
현금의 흐름과 경영의 흐름은 반대다

발생주의와 현금주의   이익이 났는데 왜 현금이 없을까? … 16   직원들은 왜 돈에 관심이 없을까? … 22   주는 것보다 받는 것에 집중하라 … 28

 장사의 1급 비밀 _ 먼저 현금이 모이는 그릇을 만들어라 … 34

폐업학   폐업하는 고객을 조심하라 … 37   외상대금을 받아내는 퍼펙트한 시기 … 44   폐업하는 데도 돈이 필요하다 … 50

 장사의 1급 비밀 _ 장사가 안 되서 망하는 게 아니라 현금이 부족하니까 망하는 것이다! … 56

2장
내가 번 돈은 다 어디로 갔을까?

외상관리   미수금 많은 고객의 불만은 무엇인가? … 60   돈 주고도 못 배우는 대금 청구의 기술 … 64   일만 하면 뭐해, 돈을 받아야지 … 70   당신은 얼마나 많은 공짜서비스를 주고 있는가? … 74

🅦 **장사의 1급 비밀** _ 대금을 청구할 때는 다정하지만 정확하게! … 77

선수금   일을 하고 돈을 받는가? 돈을 받고 일을 하는가? … 81   착수금의 비율을 높여라 … 86   선수금 낼 명분을 만들어주면 누구나 낸다 … 94   현금장사를 하게 만들어라 … 102

🅦 **장사의 1급 비밀** _ 선수금, 소비자와 판매자 모두에게 윈윈이 될 수 있다! … 109

3장
필요한 만큼만 구매해야 현금이 돈다

재고자산관리   메뉴 수를 줄이면 현금이 돈다 … 114   대량구매의 혜택이 무엇인가? … 122   필요한 만큼만 구매해서 써라 … 130

🅦 **장사의 1급 비밀** _ 재고는 재산일까? 아니면 웬수일까? … 137

적시생산시스템 가게를 크게 만드는 목적은 무엇인가? … 139   서비스업에서는 어떻게 생산성을 높일까? … 145   재고 없이 장사하는 방법은 무엇인가? … 151   미리 만들지 말고 즉시 만들어라 … 156

 장사의 1급 비밀_시간이 지날수록 가치는 떨어지니 적시생산시스템이 답이다 … 162

4장
통장에 이름표를 붙이면 현금기적이 일어난다

운전자본 언제 물건대금을 지급해야 할까? … 166   먼저 지급하는 경우, 그 이유가 무엇인가? … 177   받고 나서 줘라 … 182

 장사의 1급 비밀_매입시기와 구매시기만 조정해도 운전자본이 두둑해진다! … 192

통장관리 수입과 지출을 일목요연하게 만들어보라 … 194   감가상각비통장을 준비하고 있는가? … 200   어떻게 불규칙한 수입을 규칙적으로 만들까? … 208

 장사의 1급 비밀_통장관리만 잘해도 복잡한 회계장부가 필요 없다! … 215

5장
저절로 흑자경영을 만드는 현금관리시스템

현금수입시스템   왜 현금관리가 안 될까? ···**220**   현금 중심으로 판을 다시 짜라 ···**229**

현금지출시스템   한 달에 몇 번이나 지출을 하는가? ···**234**   지출해야 할 돈이 얼마인지 파악하고 있는가? ···**238**

통장관리시스템   세금 낼 준비는 다 되었는가? ···**241**   적금통장을 몇 개나 갖고 있는가? ···**247**

🅦 **장사의 1급 비밀** _ 위기에도 끄떡없는 현금관리시스템의 힘 ···**252**

에필로그 │ 장사를 했으면 현금을 남겨라 ···**256**

1장

현금의 흐름과
경영의 흐름은 반대다

| 발생주의와 현금주의 |
이익이 났는데
왜 현금이 없을까

　내가 개인적으로 멘토링을 해왔던 학생이 대학교를 졸업하고 큰 컨벤션 센터에 입사를 했다가 어느 정도 경력을 쌓고 나서 함께 일하던 팀장을 따라 컨벤션 기획 회사를 만들었다. 그 학생은 그동안 멘토링을 해준 것에 대한 보답이라도 하려는 듯 컨벤션 기획 회사의 회계컨설팅을 우리 회사에 의뢰했다. 그렇게 김소영 사장을 처음 만나게 되었다. 김 사장은 창업을 했지만 큰 욕심은 부리지 않는다고 했다. 그냥 딱 먹고살 만큼만 벌고 삶을 즐기는 것이 인생의 목표라는 것이었다. 나는 회계사로서의 직업병이 발동해 조금 직접적으로 물었다.

"얼마나 벌면 딱 먹고살 만큼 버는 것인가요?"

김소영 사장은 대답했다.

"연 매출 1~2억 원 정도면 되지 않겠어요? 직원도 한 명만 두고 할 거니까 인건비 주고도 한 달에 1000만 원 정도만 제 앞으로 떨어지면 사는 데 문제가 없을 것 같아요."

"아, 그러시구나."

나는 김소영 사장 말에 맞장구를 쳤다. 일리가 있는 말이었다. 그런데 예상과 다르게 회사는 날로 번창했다. 사업을 시작한 후 2년도 채 안 되어 상반기 매출만 6억 원이 될 정도였다. 내게 다시 연락이 온 것은 급속도로 회사가 성장한 후였다.

"하반기에는 어느 정도 매출이 예상되나요?"

내 질문에 김 사장은 답했다.

"지금 계약된 건만 3억 원 정도 됩니다."

"그러면 연간 9억 원 정도 되겠네요. 처음에는 욕심 없으시다고 하시더니……"

내 말에 김소영 사장은 피식 웃더니 겸손하게 답했다.

"그러게요. 처음에는 1~2억만 할 생각이었는데 하다 보니 욕심이 생기네요. 그런데 그게 어디 다 제 돈인가요?"

"실제 사업에서 발생하는 마진율은 어느 정도인가요?"

김소영 사장은 항상 생각하고 있었던 듯 고민하지 않고 바로 대답했다.

"한 20퍼센트 정도 될 거예요."

"그럼 순이익이 1억 8000만 원 정도 되겠네요."

내 말에 김소영 사장은 스스로도 대견하다는 듯이 미소가 번졌다. 하지만 그 미소가 흔적도 없이 사라지는 데는 그리 오랜 시간이 걸리지 않았다.

"그 정도 이익이면 정확히 계산해봐야 알겠지만 대략 세금이 6000~7000만 원 정도는 나올 거예요."

방금 전까지 매출과 이익 이야기를 나누며 웃음이 가득했던 그녀의 얼굴이 순식간에 창백해졌다. 나는 말을 아껴가며 조심스럽게 물었다.

"통장에 세금 낼 돈은 있으세요?"

"아뇨. 통장에 겨우 몇백만 원밖에 없는데요."

잠시 후 김소영 사장은 애써 미소를 지으며 낮은 목소리로 물었다.

"어떻게 해야 되나요?"

나는 되물었다.

"그런데 통장에 왜 돈이 그 정도밖에 없어요?"

김 사장은 오히려 그 많은 돈이 다 어디로 갔는지 궁금하다는 듯 난감해하며 내게 물었다.

"그러게요. 통장에 있던 돈이 다 어디로 갔을까요?"

김 사장은 한 번도 장부라는 것을 본 적이 없었다. 우리가 만들어 준 장부도 일하느라 바쁘다는 이유로 거들떠보지 않았던 것이다. 김소영 사장은 세금이 6000만 원이나 된다는 사실에도 놀랐지만 상반기 매출이 6억 원이고 장부상으로 이익이 2억 원도 더 된다는 사실을 이해하지 못했다.

김 사장은 개인 통장과 회사 통장을 구분하지 않았다. 회사 통장으로 들어온 돈도 개인적인 빚을 갚거나 생활비로 써버리니 매월 통장 잔고는 바닥이 났고 나중에는 이제까지 번 많은 돈이 다 어디로 갔는지 알 수 없었던 것이다.

통장내역을 보니 거래내역은 전문가인 내가 봐도 이해하기 어려울 정도로 복잡했다. 내역도 알 수 없는 지출들이 많았고 개인적으로 사용한 지출들도 많았다. 그러니 장사를 해서 진짜로 번 돈이 얼마인지 안다는 것은 어려운 일처럼 보였다. 김소영 사장은 매출만이 중요했을 뿐 통장 잔고나 현금에는 관심이 없었던 것이다.

보통 사람들은 장사를 하면 손님이 얼마나 많은지가 중요하다고 한다. 즉 매출이 많아야 한다는 것이다. 물론 장사의 기본은 매출이다. 매출이 없는데 이익이 있을 수 없는 것이다. 그래서 사업 초기에는 매출에 집중해야 하고 매출을 올리기 위해 총력을 기울여야 한다. 그러나 매출이 생기기 시작하면 이익을 남겨야 한다. 매출이 아무리 많아도 비용이 매출보다 더 많으면 손실이 발생한다. 즉 부자 회사가 되려면 반드시 이익을 내야 하고 번 것보다 적게 써야 한다. 왜냐하면 '이익=수입-비용'이기 때문이다. 이익이 없으면 회사는 존재할 수 없으므로 반드시 이익을 내야 한다는 것이 경영의 기본이다.

그러나 '이익을 내야 회사가 존재한다'는 말이 과연 맞을까? 사실 이 명제가 좀 더 정확해지려면 '이익'을 '현금'으로 바꿔야 한다. 내 손에 없는 이익, 즉 현금으로 회수되지 않은 이익은 내 것이 아니다. 이익이 있어도 현금이 없으면 회사는 존재할 수 없다.

보통 사람들은 이익을 바로 현금으로 생각하는 경우가 많다. 이익이 많으면 현금이 당연히 많아지는 것이고 이익이 적으면 현금이 없는 것 아닌가 하는 것이다.

재무제표를 처음 본 사람들이 가장 많이 묻는 것도 이익과 현금이다.

상식적으로는 이익과 현금이 일치해야 하지만, 현실에서는 현금이 재고자산이나 채권 등 다른 유형자산으로 바뀌어 있어 잉여금이 많아도 현금은 부족하기 마련이다. 장사에는 외상이라는 것이 있어서 매출과 현금수입, 비용과 현금지출을 이해하기 어렵게 만든다. 물건을 만들어서 팔았으나 현금이 아직 들어오지 않았다면 외상매출금이나 재고자산이 늘어나고 현금은 감소한다. 매출채권이 많으면 손익계산서의 매출액은 늘지만 기업에 들어오는 현금은 없다. 그래서 이익과 현금 사이에 차이가 나는 것이다. 반면에 물건을 외상으로 매입하면 아직 현금을 지불하지 않았기 때문에 현금 사정이 좋아진다. 그래서 재고자산, 외상매출금은 최소로 하고 외상매입은 최대로 활용해야 현금 사정이 개선된다. 비록 손실이 발생하더라도 현금만 있으면 장사를 할 수 있으며 반대로 이익이 아무리 많아도 현금이 바닥나면 게임은 끝난다.

　매출이 사람의 외형적인 모습이라면 현금은 사람 몸의 피와 같다. 살이 찌거나 또 너무 마르더라도 당장 건강에 이상이 있는 것은 아니지만 피가 부족하거나 통하지 않으면 곧바로 생명이 위험하다. 이처럼 매출이 적더라도 당장 회사가 큰일이 나는 것은 아니지만 현금이 부족하거나 흐름이 원활하지 못한 회사는 금세 부도 위기에 처할 수 있다. 장사를 했으면 이익을 내야 하지만 이익보다 더 중요한 것은 이익을 현금으로 바꾸는 것이다. 현금장사란 '돈의 흐름'에 초점을 맞추어 장사하는 것을 말한다.

| 발생주의와 현금주의 |

직원들은 왜 돈에 관심이 없을까?

태평양해양은 냉동 얼음과 수산물을 유통하는 회사로 주로 시장 상인들에게 납품을 한다. 영업사원 2명이 시장 상인들에게 매일매일 납품을 하고 납품한 내역을 손으로 써서 경리직원에게 주면 경리직원이 이것을 컴퓨터에 입력하여 수입을 기록한다. 매출이 10~20억 원에 달할 정도고, 작지만 얼음공장도 갖추고 있어서 체계적인 자금관리가 필요한 상태였다.

회사 장부를 보면 이익이 꾸준히 나고 있었지만 회사의 현금은 항상 이보다 적었다. 김경해 사장은 영업사원들에게 납품대금을 잘 받아야 한다고 항상 강조했지만 납품하기도 바쁜 게 현실이라 대금 관리까지 맡기기는 어려웠다. 대신 경리직원이 미수금을 체크해서 청구하는 방법도 구상해보았지만 경리직원이 먼저 손사래를 쳤다. 영업사원들이 가져다준 영수증을 입력하여 장부를 만들고 손익계산서와 재무상태표 등의 재무제표를 만드는 일만 해도 머리가 아프다는 것이었다. 경리직원은 미수금을 회수하려고 전화까지 돌리는 것은 무리라고 했다. 김경해 사장도 영업사원이 매일 고객을 만나기 때문에 납품을 할 때 외상대금도 함께 청구하는 것이 바람직할 거라 생각했다.

그런데 영업사원들에게 물어보니 고객들은 항상 돈을 잘 주고 있다고 했다. 또 명절 때가 되면 돈이 많이 돌기 때문에 웬만한 미수금은 명절 전에 모두 회수가 된다는 것이었다. 김경해 사장은 고생하는 영업사원들을 무작정 몰아세울 수도 없어서 조금만 더 열심히 해달라고 부탁조로 말하고 말았다. 그 이후로 매출은 조금씩 늘어났고 모두가 바쁘게 움직였지만 자금사정은 별로 좋아지지 않았다. 그런데도 경리직원이 보고하는 손익계산서를 보면 매월 이익이 수천만 원씩 나고 있었다. 사장은 도대체 무엇이 문제인지 이해할 수 없었다. 이익이 많이 발생하는 것이 이상해서 재차 물었지만, 직원은 매출과 비용을 다 따지면 이익이 난다고만 했다.

숫자가 맞는데 이해가 안 간다면 사장 자신도 문제점을 찾아내기 위해 노력해야 했지만 그러기에는 김경해 사장 스스로가 회계를 몰라도 너무 몰랐다. 이런 일이 여러 번 반복되자 김 사장은 아예 재무제표를 안 보기 시작했다. 볼 능력도 없지만 본다 하더라도 자기가 알고 싶은 내용을 재무제표를 통해 얻을 수가 없었던 것이다. 그러다 보니 경리직원을 두었음에도 불구하고 그는 다람쥐 쳇바퀴 돌듯이 하루하루 매출에 집착하고 돈을 걱정하고 있었다. 무언가 항상 주먹구구식이고 잘못되었다는 느낌이 점점 강하게 들었다.

    이런 고민을 듣고 나는 태평양해양의 업무 프로세스를 검토해보았다. 물건을 구매하고 납품하고 납품대금을 청구하고 돈이 들어오는 과정을 그려보니 가장 큰 문제는 실제 현금이 얼마나 들어오고 나가는지를 알 수 없다는 것이었다. 해당 분야에 아주 잔뼈가 굵은 경리직원이라면 미수금관리와 지출관리까지 하겠지만, 김경해 사장이 대부분의 업무를 책임지고 해나가고 있는 장사에서 이런 부분을 경리직원 혼자 체계적으로 관리한다는 것은 거의 불가능했다. 또 우리가 컨설팅을 통해 당장에 미수금을 파악해준다고 해도 이런 작업은 계속하지 않으면 일회성 업무로 끝나버리기 때문에 장기적으로는 회사에 도움을 줄 수 없었다.

    한편 통장내역을 정리해보았더니 실제 납품하는 금액에 비해 외상 납품이 많아 현금이 들어오는 양은 적었다. 납품대금을 청구하는 절차에 너무 신경을 쓰지 않은 탓이었다. 영업사원들에게 납품처를 방문할 때 어떻게 물건을 납품하고 대금을 청구하느냐고 물었더니 영업사원들은 고객들로부터 전화로 주문을 받고 쪽지 비슷한 곳에 품목과 금액을 적어서 주고 온다고 했다. 시장 상인들과 워낙 친분이 있다 보니 물건을 주기만 할 뿐 돈을 달라고 하거나 미수금이 얼마 있으니 언제 처리할 것인지에 대한 청구 절차가 따로 없었다.

  시장 상인들도 물건을 받고 나면 장사 준비하는 데 정신이 없어서 태평양해양에서 얼마나 물건을 납품받고 외상대금이 얼마나 남았는지 자체를 모르고 있었다. 수중에 돈이 있으면 일단 그것으로라도 일부를 지급하고 그렇지 않으면 물건 팔아서 나중에 준다는 식으로 말하면 끝났다. 영업사원들은 상인들이 주는 돈을 받아와서 경리직원에게 주고 경리직원은 납품내역과 입금액을 하루 종일 입력했다. 상인들이 장사를 하고 나면 다음 날 가서 일단 전날 납품했던 대금과 외상대금을 받아야 하는 것이 먼저인데도 어제와 마찬가지로 물건을 납품하는 일에 정신이 없어서 돈 받는 일은 뒷전이 되었다. 당일의 물건을 납품하고 나면 상인들의 수중에 있는 돈에서 일부를 받는 것으로 업무를 끝냈다.

  시장 상인은 항상 납품 금액이 얼마든 일단 수중에 있는 돈으로 일부를 지급하기 때문에 매일매일 외상대금이 깔리고 있었지만 그럼에도 불구하고 영업사원들은 고객들이 돈을 잘 준다고 생각하고 있었다. 또 명절이 끝나면 평소보다 큰돈이 들어오므로 그때 그동안 못 받은 미수금이 다 정리가 된다고 생각했지만 우리가 파악해 보니 명절 이후에도 미수금은 크게 줄어들지 않고 있었다. 어떤 영업사원들은 미수금이 어느 정도 깔려 있어야 거래처가 다른 업체로 쉽게 옮기지 못한다고 말하기도 했다. 납품 회사를 바꾸려면 기존 태평양해양의 미수금을 모두 결재하고 바꿔야 하는데 기존의 미수금이 많이 쌓여 있으면 일시에 결재하는 것이 부담이 되어 거래처를 바꾸기가 쉽지 않다는 것이다. 영업사원들은 일부러 미수금을 어느 정도 안고 가야 한다는 이유를 들며 회사의 미수금관리에 문제가 없다고 했다.

태평양해양의 가장 큰 문제는 직원들이 외상대금 회수의 중요성을 잘 모르고 있다는 것이었다. 대부분의 직원들은 눈앞의 업무를 처리하는 데 급급해서 수수료를 청구하는 것을 소홀히 했고 심지어 까먹기도 했다. 또 고객에게 돈 이야기를 하는 것이 왠지 천박한 것 같고 속물처럼 여겨지는 것 같아 거래처에 돈 이야기를 잘 안 꺼냈다. 그래서 물건만 납품할 뿐 그 이상의 대금 청구 노력을 하지 않게 되었고, 자연스럽게 회사에는 미수금이 쌓여갔다.

자금관리상의 문제점은 또 있었다. 바로 영업사원들이 상인들에게 청구해야 할 금액이 얼마인지 자체를 모른다는 것이었다. 경리

직원도 현금입금내역을 입력만 할 뿐 미수금이 현재 얼마나 있는지는 알지 못했다. 미수금이 얼마인지 모르니 영업사원들은 대금 청구조차 하지 못했다.

  미수금을 파악하는 직원의 실수가 큰 문제가 되기도 했다. 사람이 하는 일이다 보니 직원이 미수금 내역을 잘못 파악하는 경우가 있는데 영업사원들은 경리직원의 미수금 리스트에만 너무 의존한 나머지 실제 입금된 수수료를 다시 청구했다가 거래처로부터 클레임을 받게 되는 경우가 종종 있었다. 그러면 그 책임을 경리직원한테 넘기니 또 경리직원과 영업사원 간에 은근한 신경전이 벌어졌다. 영업사원들은 수수료 대장과 통장을 볼 수 없고 결국 경리직원이 작성하는 미수금 리스트만 보니 실시간으로 입금내역이 파악되지 않았다. 결국 직원들 간에 현금에 대한 공유가 없으니 외상대금 회수에 업무장벽이 생기는 것이었다. 현금장사의 출발은 직원들이 현금수입을 공유하여 얼마의 매출이 현금으로 들어오고 있는지 아는 것이다. 실시간으로 현금입금내역을 공유하는 문화를 심어주면 직원들도 돈에 대해 관심을 갖고 현금매출을 올리기 위해서 일을 하게 된다.

| 발생주의와 현금주의 |
주는 것보다 받는 것에 집중하라

홍정용 사장은 서울알로에영농조합을 운영하고 있었다. 이 회사는 알로에를 원료로 기능성 화장품을 만들어 납품하는 곳이다. 홍 사장은 회사 매출이 조금씩 늘어나 자금 부담을 느끼기 시작했지만 따로 회계사무소를 찾을 생각까지는 하지 않고 있었다. 이전에 회계사무소에 기장 업무를 맡겼을 때 내는 돈에 비해 별로 서비스를 받지 못했다는 생각이 들어서다. 세금을 신고할 때나 증빙 서류 등을 챙겨달라는 요청을 하고 세금고지서를 보내는 것이 기장 업무의 전부였다. 하지만 실제로 홍정용 사장에게 필요한 것은 세금고지서가 아니라 돈을 벌 수 있도록 컨설팅을 받는 것이었다. 회계사무소에 이런 요청을 해보았지만 기장료 10~20만 원에 그런 일까지 하기가 어렵다는 답변만 받았다. 처음에는 불만이었지만 몇 년 동안 장사를 하며 주변에 사장들에게 물어보았더니 회계사무소는 다 그렇다고들 했다.

그래서 홍정용 사장은 회계사무소에 대한 기대를 버리고 자금관리를 위한 직원을 따로 고용했다. 직원은 회사의 자금관리를 위해 물품 판매대금의 입금내역을 체크하고 거래처별로 미수금 내역을 뽑아서 영업직원들에게 나누어주었다. 회사의 인건비를 비롯해서 관리비 등의 지출 청구서도 작성하여 결재를 올리기도 했다.

사실 회사 규모를 따져보면 별도로 자금관리 직원이 필요한 정도는 아니었다. 하지만 직원 인건비가 부담이 되더라도 몇몇 곳의 외상대금만 제대로 관리하면 인건비는 충분히 나오리라는 판단으로 직원을 뽑았는데 직원을 뽑은 뒤에 오히려 자금사정이 더 나빠졌다. 홍정용 사장에게 필요한 것은 매월 자금이 얼마나 들어오고, 현재 자금이 얼마나 있으며, 앞으로 나아갈 자금을 준비할 수 있는지에 대한 정보였지만 새로 온 직원은 매일 뭔가를 열심히는 하는데 정작 사장에게 필요한 자료는 제공하지 못하고 있었다.

우리가 컨설팅을 해보니 직원은 지출관리에 큰 문제가 있었다. 비품이나 소모품을 구입해야 하는 경우 매일매일 지출결의서를 올리고 있었다. 소모품 같은 것은 하루에도 2~3번씩 지출결의서를 올렸는데 처음에는 홍정용 사장도 무심코 지출결의서에 결재를 해주었다. 그런데 나중에 알고 보니 직원은 수시로 소모품 구입을 위해서 마트나 문구점을 왔다 갔다 하고 있었다. 하루 업무 중 절반 이상을 물건 구입하러 다니는 데 쓰고 있었던 것이다.

그리고 지출이라는 것은 예산을 짜고 예산범위 내에서 써야 하는데 이런 방식으로는 예산이라는 것을 짤 수가 없었다. 지출결의서가 매일매일 올라오다 보니 한 달에 어느 정도의 비용이 지출되는지 파악이 힘들었고 직원은 하루 종일 지출내역을 계정별로 구분하고 합산하는 일을 하느라 정신이 없었다.

직원이 열심히 일은 한 것은 사실이지만 결과를 보면 그의 업무가 그다지 회사에 도움을 주지 못하는 상태였다. 경리 업무의 핵심은 회사에 가장 중요한 현금관리를 원활하게 해주는 것인데 미수금이 줄기는커녕 지출만 늘어가고 있었다.

회계에서 보면 돈을 버는 것보다 더 어려운 것이 돈을 잘 쓰는 것이다. 개인이든 회사든 돈을 버는 것 못지않게 어떻게 쓸 것인지에도 초점을 맞추어야 한다.

가정을 예로 들어 보면 부자들은 돈을 벌고 나서 그 범위 내에서 쓰지만 가난한 사람들은 카드를 사용하거나 빚을 내서 먼저 돈을 쓰고 나중에 번 돈으로 카드값을 갚곤 한다. 장사도 마찬가지다. 부자 가게는 돈을 먼저 벌고 나서 번 돈의 범위 내에서 쓰지만, 가난한 가게는 현금관리가 안 되어 열심히 벌어도 남는 게 없다. 또 회사의 직원들은 줄 돈은 빨리 주고 싶어 한다. 왜냐하면 판매처에서 돈 달라고 매일 전화를 하니 빨리 지급해버려야 자기가 편하기 때문이다.

나는 과거에 정말 뛰어난 경리직원을 본 적이 있다. 회사의 영업수입이 절대적으로 적었고 10년 이상 적자를 보고 있는 회사였지만, 그 직원 한 명 덕분에 회사가 겨우 유지되고 있는 형편이었다. 그 직원은 아침부터 거래처의 전화를 받는다. 대부분 외상대금을 회수하려는 거래처들이다. 하지만 그 직원은 능숙하게 대처하며 외상대금 지불을 늦추고 있었다. 오너가 아니고서야 그렇게까지 스트레스를 받으면서 외상대금 지불을 늦추고 싶지는 않을 것이다. 하지만 그 직원의 노력 덕분에 회사에 돈이 없어도 부도가 나지 않고 간신히 운영되고 있었다.

그러나 서울알로에영농조합 직원들은 거래처에서 납품대금을 요청하면 그날 즉시 지출결의서를 올려 결재를 받아내려고 했다.

"거래처에서 돈 달라고 난리입니다."

사장 입장에서는 조금 있다가 줘도 아무 문제가 없을 거래처였지만 직원 입장에서는 외상대금 때문에 시달리고 싶지 않은 것이었다. 사장은 속으로 '우리 외상대금을 저렇게 받아내면 미수가 하나도 없을 텐데……' 하고 생각할 정도였다.

많은 직원들이 회사가 받을 미수금에 대해서는 큰 관심이 없다. 왜냐하면 실제로 고객을 만날 때 미수금 이야기를 안 할수록 편하기 때문이다. 어떤 고객도 아침부터 부지런히 전화해서 왜 미수금 청구를 안 하느냐고 달달 볶지 않는다. 내 경험상 그런 일은 거의 없다. 그러나 우리한테 돈 받을 것이 있는 거래처는 아침부터 전화해서 언제 돈을 줄 거냐고 직원을 달달 볶는다. 그러니 직원은 받을 돈은 제쳐두고 줄 돈은 빨리 주려고 한다.

사장이 직원들에게 기대하는 능력 중 하나는 회사의 입장에서 지출의 우선순위를 빨리 파악하는 것이다. 직원들이 회사의 오너 입장을 대변했을 때 이 돈을 지금 지출하는 것이 좋은지, 아니면 더 중요한 지출을 위해 잠시 지출을 연기하는 것이 좋은지 판단해서 상황에 따라 거래처에 적정한 핑계를 대 능숙하게 처리하기를 원한다. 그런데 서울알로에영농조합의 자금관리 직원은 그렇지 못했고 결국은 회사에서 나가게 되었다. 현금장사의 핵심은 빨리 받고 늦게 주는 것이다. 최소한 받고 나서 그 이후에 지급해야 한다. 그러기 위해서는 지급하는 것보다 외상대금을 받는 것에 더 신경을 써야 한다.

:: 장사의 1급 비밀 ::

먼저 현금이 모이는 그릇을 만들어라

1. 현금을 기준으로 장사를 해라

현금의 중요성을 알면서도 왜 현금장사에 실패를 하는 것일까? 그것은 현재 회계장부가 돈이 움직이는 대로 만들어지는 것(현금주의)이 아니라 물건이나 서비스가 오고 가는 경영의 움직임대로 만들어지기 때문(발생주의)이다. 즉 실제 현금의 움직임과 장부상의 손익이 직결되지 않아 장사의 실태를 파악하기 어려운 것이다. 장사를 하는 사장들은 어려운 회계 규정보다는 장사에서 가장 중요하고 간단한 '현금' 베이스로 장사를 하는 것이 더 현실적이다. 즉 수입은 곧바로 돈이 들어오도록 하고 지출은 현금으로 하는 것이다. 이러한 '현금주의 장사'는 회계상의 이익과 현금 흐름과의 간격을 없애 간편하고 효율적으로 경영을 바라볼 수 있게 해준다.

그러나 대부분 사장들은 현금관리보다는 장사를 하는 것에 집중하기 때문에 이익이 나는 것 같아도 현금은 부족하게 된다. 결국 이익이 발생해도 현금이 없는 이유는 경영의 흐름대로 움직이기 때문이다. 현금을 만들려면 현금을 기준으로 장사를 해야 한다.

2. 직원들에게 현금수입을 공유하라

현금 회수를 위해서는 실시간 입금내역을 공유해서 직원들이 돈에 관심을 갖게 도와줘야 한다. 영업사원이라면 거래처로부터 대금 지급 약속을 받은 것을 기억했다가 만약 거래처가 약속 날짜에 대금 지급을 잊어버리면 곧바로 대금 청구를 해야 한다. 그 시기를 놓쳐버리면 다시 물건대금을 청구하고 회수하는 데까지 많은 시간이 걸리게 된다. 실시간으로 입금내역을 체크하지 못하면 대금 청구도 제대로 이루어지지 않는다. 입금내역을 즉시 직원들이 체크할 수 있도록 인터넷 카페 등을 활용하여 입금내역을 업로드할 수 있다. 또 모든 직원들이 매일 현금입금내역을 공유하도록 SNS 서비스 등을 활용할 수도 있다. 직원들이 현금입금내역을 알아야 거래처를 만날 때 단순히 일만 하는 것을 넘어 현금을 받는 것까지 생각한다.

3. 지출보다 현금 회수에 신경을 써라

사장을 포함해서 전 임직원이 신경 써야 할 현금관리의 출발은 지급시기를 늦추는 것이다. 그렇다고 무조건 지출을 미루라는 것이 아니다. 현금수입이 들어올 때까지 늦추어서 현금적자가 발생하지 않도록 하는 것이다. 그렇지 않으면 직원들은 자기를 귀찮게 하는 외상대금 지급은 빨리 하려고 하고 내버려둬도 전혀 문제가 되지 않는 외상대금 회수는 신경 쓰지 않는다. 오히려 외상대금 독촉을 안 하면 고객은 좋아한다. 그러나 보이지 않는 곳에서 사장과 회사는 현금적자에 시달리다 유동성 문제에 부딪친다. 직원의 입장에서 고객을 대할 때 지출을 빨리 하고 현금회수는 늦게 하는 것이 편할지라도 현금관리 면에서는 문제가 생길 수밖에 없다. 사장이라면 직원들이 현금 회수에 신경을 쓸 수 있도록 도와야 한다.

| 폐업학 |

폐업하는 고객을 조심하라

경영의 기본은 값싸게 사서 비싸게 많이 파는 것이고 회계의 기본은 받고 나서 지급하는 것이다. 경영은 사고 나서 파는 것이지만 회계는 받고 나서 지급해야 한다. 회사를 운영한다면 각별히 신경 써야 할 부분이 바로 회계다. 영업을 열심히 해서 매출을 올리는 깃도 중요하지만 매출 증가만큼 외상매출금이 증가하면 자금 흐름이 막혀버릴 수 있다.

순이익률이 10퍼센트라면 매출이 100만 원일 때 순이익은 10만 원이다. 그런데 거래처로부터 판매대금 5만 원을 받지 못한다면 그 5만 원을 보충하기 위해 추가로 50만 원의 매출을 일으켜야 한다.

못 받은 외상대금의 10배를 추가로 판매해야 그 금액을 보충할 수 있다. 그만큼 회수하지 못한 매출채권의 피해는 막심하다. 경영에서 물건을 팔고 돈을 받는 것은 가장 중요한 절차이다. 특히 물건만 팔고 돈을 받지 못한다면 차라리 팔지 않는 것이 나을 수도 있다.

제주 출신인 천광축산 강경수 사장은 태양식품 조학산 사장과 동업을 시작하여 닭과 오리 유통업을 시작했다. 특히 조학산 사장은 자신의 가족, 친척, 학교동문, 고향친구 들을 이용해서 빠르게 종자 거래처를 만들었다. 사업 초창기만 해도 해당 지역에 연고가 없었던 강경수 사장은 거래처를 만드는 데 어려움이 많았다. 동업한 조학산 사장의 실적이 강경수 사장에 비해 훨씬 뛰어났던 건 어쩌면 당연한 결과였다. 하지만 시일이 지나면서 두 사장이 관리하는 거래처 수가 비슷해졌고 자연스럽게 거래처 수와 매출 기준에 따라 5:5의 조건으로 동업을 이어나갔다.

그런데 직원들의 성과평가 기준을 매출에서 현금입금으로 바꾸면서 문제가 발생했다. 일을 했더라도 돈이 들어오지 않으면 실제로는 회사에 도움이 안 되기 때문에 현금으로 들어온 매출만 가지고 성과를 평가하기로 했던 것이다. 그러자 조학산 사장의 거래처를 맡은 직원들에게서 불만이 터져 나왔다.

"조학산 사장님의 거래처 대부분 외상대금이 너무 많아요. 외상대금 얘기만 꺼내면 사장님과 직접 이야기하겠다고 해버립니다."

이는 조학산 사장의 거래처가 대부분 그의 가족이나 친척이었기 때문에 일어난 일이었다. 오너하고 직접 돈 이야기를 하겠다는 말은 직원들에게는 결국 돈을 안 주겠다는 것이나 다름이 없다.

직원들에게 사정을 듣고도 딱히 해결방안이 없어 골머리를 앓던 강경수 사장의 고민은 오래가지 않았다. 동업을 끝낼 수밖에 없는 사건이 터진 것이다. 강 사장은 조학산 사장이 강 사장 거래처에서 돈을 횡령해온 것을 알게 되었다. 그동안 자금 문제에 그다지 관심이 없는 듯한 태도를 취해왔던 조 사장은 강경수 사장 몰래 강 사장의 거래처를 돌아다니며 대금을 현금으로 회수해 그 돈을 개인 목적으로 사용하고 있었다. 회사의 자금관리를 조학산 사장의 동생이 하고 있었기 때문에 다른 직원들이 통장의 현금내역을 확인하지 못했던 게 화근이었다. 강경수 사장은 안 그래도 슬슬 동업관계를 정리하려던 차에 더 심한 배신감을 느꼈다.

강경수 사장은 변호사와 이런 문제를 의논하고 조학산 사장에게 동업관계를 정리하자는 뜻을 전했다. 조학산 사장에게 사무실을 비워달라는 말을 할 때 그도 미안하다고는 했지만 잘못의 심각성을 별로 깨닫지는 못하는 것 같았다. 왜 자신이 나가야 하는지 모르겠다며 자기가 안 나가면 어쩔 거냐고도 했다. 헤어지는 마당에 마냥

웃으며 헤어질 수는 없어도 원한은 갖지 말자 싶었는데 조학사 사장의 태도를 보니 남아 있던 조금의 정도 떨어져버렸다. 변호사와 이야기를 해보겠다고 하니 그제야 조학산 사장도 더 버텨봤자 자신에게 득이 될 것이 없다는 것을 알았는지 한 달 뒤에 사무실을 비웠다. 조학산 사장과 그의 거래처를 떼어내자 현금 흐름이 좋아졌다. 매출 기준으로는 조학산 사장의 거래처가 도움이 되었지만, 현금 기준으로는 별로 도움이 되지 않았던 것이다.

강경수 사장은 동업을 청산한 후 관리시스템을 하나씩 바꿔나갔다. 월별 실적을 확인할 때 고객현황과 월별 매출실적을 보고하도록 했다. 그리고 직원은 매출액에서 인건비와 임차료 등의 비용을 뺀 이익의 수치를 가지고 오는 것을 원칙으로 삼았다. 그러나 강경수 사장은 여전히 성과평가를 할 때 각 담당자가 맡고 있는 거래처 숫자와 얼마나 매출실적이 많은지를 기준으로 평가하고 있었다. 만약 맡고 있는 거래처 수가 적으면 해당 직원을 무능한 것으로 평가해버리고 급여나 성과급에서 불이익을 주곤 했다. 직원들은 강경수 사장이 중요하게 생각하는 수치가 매출이라는 것을 눈치 채고 자기가 맡은 거래처 숫자와 매출실적을 가지고 스스로를 평가했다.

이런 구조 속에서는 당연히 직원들의 머릿속에 회사의 현금 사정은 안중에 없다. 그리고 직원들은 회사에 어느 정도의 현금이 들어오고 통장 잔고가 얼마인지 알지도 못했다. 강경수 사장은 매월 월급날만 되면 돈이 부족해서 개인의 돈을 회사로 끌어와야 했다. 닭이나 오리가 저렴하게 나오는 때, 현금이 있는 회사라면 저렴하게 구입해둘 수도 있지만, 강경수 사장의 회사는 현금이 여유롭지 못하니 그런 기회를 놓칠 수밖에 없었다.

모두가 열심히 일을 하는데도 회사에 돈이 부족한 까닭은 매출확대 전략에 들인 돈이 재고와 외상매출금으로 바뀌어 다시 회수되지 않기 때문이다. 납품대금 청구서를 최소한의 일을 한 후에 보내기 때문에 매입대금은 바로 나가는 반면 그로 인한 현금수입은 적게는 수개월, 길게는 3개월에서 6개월 후에야 들어온다. 이 때문에 그 사이의 현금수지 적자는 불을 보듯 뻔했다.

이런 일들을 겪으며 강경수 사장은 분명 매출확대가 회사경영의 중요한 요소지만, 직원이 돈에 무신경하면 항상 현금 부족을 겪을 수밖에 없다는 사실을 깨달았다.

한편 더 심각한 문제는 매출대금을 회수할 생각이나 노력도 별로 하지 않고 고객이 원하는 대로 값을 깎아주거나 수금을 연기해주고는 다른 곳에서 새로운 자금을 빌리는 태도가 이미 만연해 있다는 것이었다. 강경수 사장도 동업할 당시에는 매번 돈이 모자라니 불경기 탓을 하며 갖고 있던 개인 돈을 회사에 가져다놓곤 했지만 사업이 이미 자리를 잡은 후에도 이는 바뀌지 않았다. 영업직원들은 물건을 배송하는 것에만 집중했고 돈을 받는 일에는 너무나 무관심했다. 고객의 대부분이 현금장사를 하는 업종이라 가게에 현금이 있을 것이 분명한데 직원들은 물건만 배달하고 납품대금 이야기는 꺼내지도 않았다. 결국 영업직원들은 가게에서 돈을 주면 받고, 주지 않으면 그냥 납품만 하고 돌아왔다.

그중에서 강경수 사장이 가장 위험하다고 생각하는 고객은 폐업하는 고객이었다. 몇 개월간 납품을 하고 대금을 다 받지 못했는데 고객이 폐업하기라도 하면 수백만 원의 돈을 잃는 것은 자명한 일이었다. 많아야 10~20퍼센트 마진을 남기는 유통업에서 6개월 정도 납품대금을 못 받으면 3~5년 정도 납품을 한 이익이 날아가는 것이었다. 그래서 강경수 사장은 항상 직원들에게 폐업 부분을 잘 관찰하라고 교육했다.

고객이 폐업 가능성이 있는지, 또 그런 조짐이 보이면 납품을 중단할 것인지를 결정하고 지금까지의 외상대금을 일부라도 회수하기 위한 전략을 세워야 했다. 그러다 보니 폐업하는 가게들의 특징이나 유형에 대해 자주 교육을 하게 되었다. 이른바 강경수 사장의 '폐업학'이다. 특히 영업의 입장에서는 현금 부족에 처한 고객에게 물건을 계속 팔고 있는 것은 아닌지를 꼭 확인해야 한다. 폐업학은 고객을 유심히 관찰하는 것이 핵심이다. 저 고객이 우리에게 외상대금을 지급할 여력이 있는지 아니면 폐업할 가능성이 높은지를 체크하는 것이다. 고객의 주머니에 얼마나 많은 돈이 있는지 아는 사람은 불황에도 외상 걱정 없이 성공할 수 있다.

| 폐업학 |

외상대금을 받아내는
퍼펙트한 시기

현대유통은 학교에 급식 식자재를 납품하는 회사다. 회사는 매년 연간 100퍼센트 성장을 할 정도로 승승장구하고 있었지만 김원석 사장의 부인은 항상 남편에 대해 불만이 있었다. 남편 회사가 잘 된다고 들었는데 집에 가져오는 돈은 크지 않았던 것이다. 왜 그런지 궁금했지만 이유는 알 수 없었다. 나는 우연한 기회에 이 현대유통 회사의 자금 흐름을 컨설팅하면서 그 이유를 알게 되었다.

김원석 사장은 컨설팅에 앞서 현대유통은 학교를 대상으로 납품을 하니 미수금은 절대 문제가 아니라고 했다. 학교는 학부모들의 지원과 정부보조금으로 급식비를 조달하기 때문에 돈을 못 받을 위험성은 생각조차 하지 않았던 것이다. 그런데 우리가 검토해보니 돈을 지급하지 않는 것은 아니지만, 돈이 너무 늦게 들어오는 것이 문제의 원인이었다.

현대유통은 농가에서 물건을 사왔고 그들의 어려움을 알기 때문에 현금으로 물건값을 즉시 지급했다. 구매 업무가 가장 중요한 일이라고 생각해 좋은 물건을 생산하는 농가를 잡는 데 많은 노력을 기울이고 있었고, 당연히 농가의 입장을 최대한 봐주려고 노력하는 편이었다. 대부분 농가는 규모가 영세하고 자금 여력이 부족한 사람들이라서 농가에서 농산물을 구입하면 현금을 지급하고 가져오는 것이 일반적인 분위기였고 현대유통도 다르지 않았다. 또한 농사꾼 출신인 김원석 사장은 그들의 사정을 잘 아는 처지라서 농산물 매입대금을 현금으로 내는 게 당연하다고 생각했다. 덕분에 좋은 농산물을 적시에 매입할 수 있었고 이것이 김원석 사장의 경쟁력이 되었다.

그런데 문제는 매출대금이었다. 김원석 사장의 주요 거래처는 대부분 학교였다. 정부 예산으로 지급하는 공공기관에서 매출대금을 떼어먹을 리는 없다고 생각하고 있었다. 실제로 공공기관에서 매출대금을 주지 않아 대손처리가 되는 경우는 거의 없었다. 그러나 문제는 운전자금이 늘어나는 것이었다. 학교에 납품을 하면 항상 물건대금을 그 다음 달에 지급했고 이것이 더 많은 운전자본이 필요하게 만들었다. 농가들로부터 물건을 구입하는 시기는 계절적인 요소가 크게 좌우하기 때문에 농산물이 생산되는 시기에 매입해서 저장고에 저장해두어야 한다. 12월에 구입하면 학교가 개학하는 3월에서야 학교에 납품이 가능하니 3개월 이상을 창고에 보관해두어야 하고 이 기간 동안 농산물 매입대금도 묶이게 된다. 그리고 3월에 납품하면 3월 납품대금은 4월 중순이 되어서야 들어오는데, 그러면 4개월 이상 돈은 지출되었으나 현금수입은 없어 그 기간 동안 김원석 사장의 자금 또한 묶이는 것이었다. 항상 수금은 걱정 없다고 생각하고 별도로 청구서조차 보내지 않았다. 학교에 물품을 납품하는 데에만 집중하니 학교에서 물품대금 지급을 누락하기라도 하면 매출대금 회수 자체가 아예 잊히는 경우도 있었다.

현대유통 직원들도 학교에서 돈을 안 줄 위험성이 적기 때문에 매출채권에 대한 걱정을 하지 않았다. 그러나 빠른 성장이 오히려 독이 되는 케이스였다. 급성장을 하고 있어서 매출이 2배가 되자 자금이 묶이는 규모도 2배가 되어버렸다. 한 달에 1억 원의 매출이 있을 때 묶이는 자금에 비해 한 달에 2억 원 매출이 늘어났을 때 상응하는 물품대금은 더욱 컸다.

모아놓은 돈이 없는 상황에서는 차입금으로 숨을 틀 수밖에 없었고 다행히 차입한도를 높여 놓았던 것이 부도를 막아주었다. 매출채권 회수나 재고자산도 중요하지만 빨리 현금을 회수하고 가능하면 지급시기를 늦추는 것이 얼마나 중요한지 김원석 사장은 그제야 느끼게 되었다.

이렇게 자금부족에 시달리자 물건을 사올 때 즉시 현금으로 지급하던 것들도 점점 지급시기를 늦추는 상황이 발생하곤 했다. 그런데 또 김원석 사장은 마음만은 항상 농가들에 미안함을 가지고 있어서 금방 지급하겠다는 약속을 너무 쉽게 하곤 했다. 과거에도 지급을 착실히 잘했기 때문에 농가들을 실망시키고 싶지 않아 언제까지 물품대금을 지급하겠다고 약속부터 해버리는 건데, 그때 돈 나오기가 힘든 상황이 되면 독촉 전화를 받지 않기 위해 피할 수밖에 없었다. 김원석 사장이 자꾸 신용을 어기자 신뢰도가 떨어지기 시작했다. 농가들의 입장에서는 과거에 자신들을 도와주고 생각해 준 것이 고마워서 대금 지급을 늦춰주고 대신 형편이 되는 대로 일부라도 정해진 날짜에 지급해주었으며 좋겠다고 했지만 김원석 사장은 이마저도 지키지 못하고 있었다.

진짜 돈이 없어서 못 주는 경우도 있지만 돈 주는 날짜를 어기는 것이 습관처럼 굳어진 탓도 컸다. 약속한 금액이 너무 커서 부담이 되고 약속을 지키지 못할 것 같으면 매월 주기로 한 금액의 일부라도 약속한 날짜에 지급하는 것이 신용을 유지할 수 있는 방법이다. 그런데 김원석 사장은 말이 먼저 앞서서 다음 달에 얼마를 주겠다고 쉽게 약속하고, 약속한 날이 되면 돈이 없다는 이유로 쉽게 그 약속을 어겨 상황은 더욱 악화되었다.

신용거래를 전제로 하는 기업사회에서 외상매출은 불가피하다. 그러나 매출채권의 관리는 중소기업의 존망과 연결될 정도로 중요하다. 매출채권의 회수불능으로 인한 도산이 중소기업 실패의 가장 큰 원인이다.

불량채권은 대부분 불량거래처 때문에 발생한다. 매출채권의 회수를 고려하지 않은 상태에서 무조건 열심히 일하고 판매한다는 식의 정책은 엄청난 실적에도 불구하고 파산의 길로 가는 지름길이다. 팔리지 않아 망한 경우보다는 잘못 팔아서 망한 경우가 더 많다. 특히 기업이 망하는 경우의 대부분은 엄청나게 현금이 부족해서 그런 것이 아니라 한 달 늦게 들어오는 현금 때문이다. 현금이 절대적으로 부족해서가 아니라 받을 현금을 제때 받지 못하고 지출할 현금은 빨리 지출하는 구조 때문이다.

김원석 사장은 결국 농가들에게 대금 지급하는 시기를 조금 늦추기로 했다. 학교에서 납품대금이 들어오는 시기가 매월 말이므로 그 다음달 10일 정도까지 농가들에게 밀린 대금을 지급하기로 약속했고 그 약속을 지켜나갔다. 농가들도 물건값을 다 받지 못하더라도 지급하기로 약속한 돈을 약속한 날짜에 받으니 다시 신뢰가 쌓이기 시작했고, 현대유통은 큰 위기를 넘길 수 있었다.

장사를 할 때 관공서나 우량고객만 상대한다고 해서 외상대금을 모두 회수한다고 자신하지 마라. 고객이 아무리 견실한 회사라 할지라도 대금 회수조건에 관해서는 좀 더 적극적으로 임해야 한다. 외상대금을 받아내는 것보다 더 중요한 것은 제때 받지 않으면 자신의 돈이 묶인다는 사실이다.

| 폐업학 |

폐업하는 데도 돈이 필요하다

    박성호 사장은 10여 년 동안 전자제품 대리점을 운영하고 있다. 전에도 전자회사에서 직장생활을 했고 직장에 있었던 경험으로 본사에서 전자제품 대리점을 하나 얻어서 장사를 시작했다. 그런데 장사를 시작하고 나서야 대리점이 예전만 못하다는 것을 알게 되었다. 본사의 직원 입장에서 볼 때와 본사의 지시를 받아야 하는 대리점 사장 입장에서 볼 때의 차이가 많았다. 전자제품 대리점은 자신의 능력으로 해볼 만한 것이 거의 없었다. 매입단가는 정해져 있었고 판매가격은 본사에서 정해준 가격으로 판매해야 했다. 할인해서 판매하는 것은 본사에서 규제하고 있었다. 가격할인으로 대리점 간에 과다하게 경쟁하는 것을 막기 위한 것이었다.

그런데 가전제품 할인점까지 가세하여 대리점 간 경쟁뿐 아니라 할인점과도 경쟁을 해야 하는데 손님들은 제품을 확인하고 할인점으로 가는 경우가 많았다. 원가와 판매가격까지 본사에서 정한 대로 할 수 밖에 없으니 마진은 이미 장사를 시작하기 전부터 결정되어 있었고 정해진 마진으로 인건비와 임차료를 내야 하기 때문에 얼마나 관리를 효율적으로 하는가에서 돈 버는 것이 달라졌다. 본사의 기준으로 볼 때는 자기 건물을 가지고 은행 빚 없이 장사를 하면 월급 받는 것보다는 조금 나은 수준이 될 만큼만 원가와 판매가격을 정해놓고 있었다. 그러나 박성호 사장은 유동성이 좋은 곳에 세를 얻어 가게를 열어야 하기 때문에 임차료가 많이 나갈 수밖에 없었다. 또 원래 자본이 없이 시작한 터라 은행 빚을 조금 내서 시작했는데 장사를 할수록 본사와 은행 배만 불린다는 생각이 들었다.

얼마 전에는 몸에 이상신호가 와서 병원을 찾았더니 저혈압 초기 증세라는 진단을 받았다. 대리점을 하면서 받은 스트레스가 병으로 커진 것이다. 박성호 사장은 대리점에 대해 회의를 갖고 있던 차에 몸도 안 좋아서 이참에 가게를 정리하기로 마음먹었다. 그런데 거래하던 회계사에게 폐업을 하겠다고 말했더니 세금이 너무 많이 나온다는 거였다. 장사가 잘되어서 세금을 다 내면 좋겠지만 장사도 안 되고 직원들 인건비와 4대 보험도 부담이 되어서 빨리 장사를 그만두고 싶은데 마음먹은 대로 쉽게 풀리지 않았다.

내용을 들어보니 우선 부가가치세가 문제가 되었다. 폐업할 때 남아 있는 재고자산은 팔지 않아도 부가가치세를 내야 했다. 폐업할 때 재고자산은 정상가격으로 판매할 수 없어서 거의 떨이로 판매하거나 주변 사람들한테 주는 경우가 많은데 세금은 일반 판매의 경우처럼 나왔다. 1000만 원 어치의 물건을 사와서 팔지 못하고 재고로 갖고 있는 상태임에도 부가가치세는 판매한 것으로 간주한다는 것이었다. 즉 100만 원의 부가가치세를 주고 사왔기 때문에 100만 원을 환급받았는데, 판매가 이루어지지 않으면 부가가치세를 내지 않게 되기 때문에 당초에 환급받은 100만 원을 다시 국가에 내야 한다는 개념이었다. 장사가 안 되어서 남은 재고를 어떻게 처분할까 걱정이었는데 처분하지 않아도 재고자산의 10퍼센트에 해당하는 부가가치세를 내야 한다고 하니 걱정이 늘어났다. 회계사와 해결방법을 의논해보니 재고자산을 어떻게든 처분하거나 판매할 때까지 폐업을 늦추는 것 외에 방법이 없었다. 폐업이 늦어질수록 직원들 인건비와 4대보험이 부담이 되었지만 부가가치세보다는 부담이 덜하였으므로 폐업일자를 늦추기로 하였다.

그런데 더 큰 문제는 소득세였다. 폐업할 때 배당소득세가 거의 1~2억 원 정도가 나오니 차라리 폐업을 안 하는 게 낫지 않겠냐는 것이었다. 회계사는 법인사업자로 사업을 해서 그렇다고 했다.

박성호 사장도 처음에는 개인사업자로 장사를 시작했지만 장사가 잘될 때 소득세가 많이 나오자 중간에 법인으로 바꾸었다. 규모가 크면 개인사업자보다 법인사업자가 세율이 낮아서 세금이 줄어들었다. 그 덕분에 몇 년간은 소득세를 절반 수준으로 줄여서 낼 수 있었다. 문제는 폐업하는 시점의 세금이었다. 법인을 폐업하면 청산작업을 하게 되는데 청산하면서 발생하는 잔여재산을 주주들이 배당받으니 배당소득세를 내야 한다는 것이었다. 개인사업자라면 폐업하고 남은 자신의 재산을 자기 자신이 가져가는 것이기 때문에 별도로 세금을 낼 필요가 없지만, 법인은 아무리 100퍼센트를 소유한 주주라도 자신과 회사는 다른 인격체이므로 남은 재산을 주주가 가져올 때 이것은 배당을 받은 것이 되어 배당소득세를 내야 했다. 회계사는 법인 폐업이나 청산을 하지 말고 주식을 매각하면 어떻겠냐고 제안했다. 주식을 매각한다는 의미가 무슨 의미인지 몰라서 되물었더니 회계사가 이렇게 대답했다.

"사장님 입장에서 회사를 없애기 위해 청산을 하는 방법도 있지만 법인 회사의 경우는 주식을 양도해버리면 회사가 넘어가는 것이므로 결국 사장님 입장에서는 회사가 없어지는 것과 동일한 효과를 가져옵니다."

"그러면 세금이 없는 것인가요?"

"증권거래세 정도만 내면 되는데 주식가액의 0.5퍼센트 정도이기 때문에 아주 금액이 미미합니다. 양도차익이 발생할 수도 있지만 액면가액으로 양도하면 양도소득세는 거의 없게 됩니다."

박 사장은 주식양도라는 것을 처음 들어보기 때문에 약간 불안감이 밀려왔다.

"그런데 주식을 팔려면 살려는 사람이 있어야 하는데 망한 회사를 사려는 사람이 있을까요?"

회계사는 걱정하지 말라는 듯이 말했다.

"많이 있습니다. 장사를 하려는 사람이 법인을 새로 만들어서 사업을 하려면 법인설립비용이 들어가고 시간도 많이 소요됩니다. 그래서 사람들은 이미 만들어져 있는 회사의 주식을 사는 방법을 활용하고 싶어 합니다. 또 실적이 필요한 경우에는 실적이 있는 회사의 주식을 매입하는 것이 유리하고요."

실제로 이런 목적으로 회사의 주식을 사는 사람들이 많았다. 주식을 사면 법인회사는 그대로 살아있고 주주만 변경되기 때문에 회사의 실적은 그대로 남아 있게 되는데, 이것이 대기업들이 주로 사용하는 인수합병 방법이었다. 어떤 사람들은 결손금이 있는 회사를 선호하기도 한다. 왜냐하면 결손금은 법인세를 낼 때 세금을 줄여주는 역할을 하는데 이미 결손금이 많은 회사라면 자신이 장사를 해서 이익을 내더라도 결손금을 차감하고 세금을 내기 때문에 절세전략이 되었다.

박성호 사장은 그냥 폐업했다면 부가가치세와 배당소득세를 합해서 2억 원 정도의 세금이 나올 상황이었지만 회계사의 도움을 받아서 재고를 처분하고 주식을 양도해서 세금 한 푼 내지 않고 폐업할 수 있었다.

장사가 안 되어서 폐업하는 사람이 많지만 회사법이나 세법에서는 폐업하는 것도 그냥 놔두지 않는다. 폐업을 이용해서 세금을 탈세하는 사람들을 막기 위해 여러 가지 장치를 해놓은 것인데 장사하는 사람들은 고의가 아니라 모르고 그냥 폐업했다가 나중에 세금을 추징당하는 경우가 있다. 폐업했으니까 세금을 안 내고 버티면 될 수 있다고 생각하는 사람도 있는데 폐업하고 세금을 안 내면 나중에 새로 장사를 할 때 사업자등록 자체를 낼 수 없게 되니 주의해야 한다.

:: 장사의 1급 비밀 ::

장사가 안 되서 망하는 게 아니라
현금이 부족하니까 망하는 것이다!

1. 폐업하는 고객을 감지하라

장사를 할 때 채권관리는 가장 기본에 해당하는 것으로 회계자료를 활용해야 한다. 하지만 많은 회사들이 회계자료를 무시하거나 어렵다는 이유로 관심을 가지지 않는다. 장사를 해서 이익을 내는 것보다 더 중요한 것은 이익을 실제 현금으로 바꾸기 위해 매출대금을 회수하는 일이다. 직원들이 납품대금에 관심이 없거나 기본적으로 받아야 할 서류를 잊어버리는 것은 인간적인 한계이므로 시스템을 만들어놓는 것이 필요하다. 폐업하는 가게들의 특징을 파악하고 고객이 폐업해서 외상대금을 못 받는 것을 대비해야 한다.

2. 폐업하는 회사의 특징

(1) 빚이 많거나 빚을 내서 큰 사업을 시작하는 회사

(2) 현금수입으로 은행 이자도 내기 어려운 회사

(2) 정해진 날짜에 돈을 지급하지 않는 회사

(3) 매출과 이익이 급격히 감소하는 회사

(4) 신용정보회사 조회 결과 신용도가 낮은 회사

(5) 성장 속도가 너무 빠른 회사

(6) 매출채권과 재고자산이 급증하는 회사

(7) 특별한 이유 없이 주문량이 급증하는 회사

(8) 단기차입금이 급증하는 회사

(9) 직원들이 수시로 바뀌고 이직률이 높은 회사

(10) 현금 보유액이 부족한 회사

3. 폐업하는 데도 돈이 든다

재고자산 등을 매입할 때 부가가치세를 환급받았는데 폐업하게 되면 부가가치세를 내지 않으므로 환급받은 부가가치세를 다시 뱉어내게 되는 것이다. 또 법인사업자의 경우에는 폐업할 때 잔여재산을 배당을 하면서 엄청난 배당소득세가 나오는 경우가 많다. 폐업할 때는 세금을 확인한 뒤 폐업을 해야 한다.

2장

내가 번 돈은
다 어디로 갔을까?

| 외상관리 |

미수금 많은 고객의
불만은 무엇인가?

　10여 년 넘게 목공소를 운영해오던 고두현 사장은 얼마 전부터 경기불황으로 인한 어려움을 겪고 있었다. 게다가 사람들이 점점 대기업의 표준화된 제품을 선호하다 보니 자영업 수준의 소규모 영세 목공소가 설 자리가 점점 줄어들었다. 어떻게 장사를 해야 더 잘 될지에 대한 고두현 사장의 고민은 나날이 깊어만 가고 있었다.

　어느 날 서비스업체에서 실무책임자로 근무하고 있던 고두현 사장의 부인은 자기가 일하는 회사의 인테리어를 남편에게 의뢰했다. 고 사장은 부인이 근무하는 회사라서 인테리어가 끝난 후에도 사소하게 고장난 것까지 신경을 써주었다. 보통 집에서도 싱크대 문이

흔들린다거나 문고리가 빠졌다거나 화장실 변기가 막히는 등의 일이 생기는 경우가 잦다. 이럴 때마다 업체를 불러서 수선하기에는 인건비가 많이 들고, 그렇다고 본인이 하기에는 어려울 때가 종종 있는데 여러 사람이 모이는 회사라 그런지 더더욱 손이 가는 경우가 많았다.

일을 해주다가 고두현 사장은 '집이나 회사처럼 사소하게 수선해야 할 곳이 많이 생기면서도 방치하면 바로 불편한 일들이 많이 일어나는 곳이 어디일까?' 하는 생각을 해보았다. 이때 고두현 사장의 뇌리를 스치는 곳이 있었다. 바로 유치원이나 어린이집, 학교 등이었다. 아이들이 생활하는 곳이다 보니 고장이 나는 경우가 많고, 또 유치원이나 어린이집은 목재로 만든 물건이나 시설물이 많아서 수리에도 손이 많이 갔다. 고두현 사장은 이런 곳들과 정기적인 계약을 맺어서 매월 한 번 정도 방문해주고 수선도 해주면서 교체할 것이 있으면 교체도 해주는 사업을 하면 좋겠다는 생각을 했다. 한 달에 몇만 원씩 받으면 월 고정비가 나올 것이고 지속적으로 관리하다 보면 인테리어나 다른 목재 제품을 판매할 기회도 늘어나니 거기에서 부가수익을 얻을 수 있을 것이라는 판단이 들었다.

모든 수요는 고객이 불편한 곳에서 출발한다는 말처럼 고두현 사장의 아이디어가 시장의 반응이 있었는지 유치원과 어린이집 수백 곳과 어렵지 않게 계약할 수 있었다. 그렇게 거래처를 확보하고 안정적인 수익구조를 만들어가고 있는데 엔젤 어린이집 원장으로부터 전화가 왔다. 원장은 1년 이상 수수료를 안 내고 있었는데 이번에 한 번에 낼 테니 요금을 절반으로 깎아주면 안 되겠냐는 것이었다. 최근에는 수리한 것도 별로 없었고 그래서 특별히 서비스를 받은 일도 없었다고 덧붙였다.

실제로 따지면 한 일이 없지는 않았다. 매달 방문해서 소소한 것들을 고쳐주기는 했다. 다만 최근 몇 개월은 특별히 고장 난 것이 없었고 따지고 보면 서비스를 받은 부분이 거의 없다는 원장의 말이 아주 틀린 것은 아니었다. 그래도 수수료를 무기로 서비스에 대한 트집을 잡는 것이 고두현 사장의 가슴을 찔렀다. 어린이집이나 유치원 대부분이 정부 지원금으로 부족한 매출을 충당하고 있어서 사정이 넉넉하지 않다는 것을 알고는 있었다. 또 이런 이유로 고두현 사장의 고객 중에 유난히 까다롭고 요구사항이 많은 곳도 어린이집이었다.

원래 돈이라는 것은 늦게 받을수록 이자를 더하는 것이 일반적이다. 은행에서 돈을 빌리면 이자를 내는 것처럼 말이다. 거래처도 마찬가지다. 사실 대금을 바로 주는 회사와 1년 후에 주는 회사가 있다고 치면 1년 후에 주는 회사로부터 이자까지 받아야 마땅하다. 그런데 현실에서는 그와 반대로 흘러간다. 돈을 늦게 주는 회사는 한 번에 지급하려니 자금이 부담되어 깎아달라고 하고, 돈을 받는 회사도 이자를 받기는커녕 오히려 원금을 깎아줘야 하는 분위기다. 전부 받으려다가 오히려 아예 못 받을 수도 있기 때문에 깎아주고 일부라도 받는 것이 유리하다는 새로운 계산법이다. 한편 내야 하는 입장에서도 미수금이 커질수록 다 내기가 힘들어지니 물건에 하자가 있다느니 서비스가 안 좋다느니 하는 여러 가지 핑계를 대기 시작한다.

결국 고두현 사장은 어린이집에 3개월분 수수료를 면제시켜주는 것으로 합의를 보았다. 어린이집에서는 월 수수료가 높다고 주장하며 단가를 내렸으면 했지만 한 번 내린 가격은 다시 올리기가 어렵기 때문에 몇 개월 무료로 해주는 것이 장기적으로 유리했다. 미수금을 받으려면 먼저 고객의 불만이 있는지, 또 있다면 그게 무엇인지 체크해야 한다. 고객은 불만요소가 해결될 때까지 외상대 지급을 미루려고 하기 때문에 불만이 생기기 전에 회수하는 것이 최선이고, 이미 불만이 생겨버린 경우라면 불만을 해결해가며 미수금을 받아야 한다.

| 외상관리 |

돈 주고도 못 배우는
대금 청구의 기술

보통 토스트 가게는 아침에 출근하는 사람들이 주 고객인 경우가 많아 새벽에 장사를 시작하는 게 일반적이지만 박은영 사장이 운영하는 토스트 가게는 학교와 학원이 밀집된 곳에 위치해 있어 아침 손님보다는 오후와 저녁에 야식을 먹기 위해 오는 손님이 대부분이었다. 때문에 박은영 사장은 오후에 가게 문을 열고 밤까지 장사를 했고 오전에는 상대적으로 시간 여유가 있었다.

토스트 가게가 재고관리나 채권관리에서 별로 어려움은 없는 장사라서 다른 장사에 비해 스트레스를 받지는 않았지만 대신에 수입도 적었다. 박은영 사장은 오전 시간을 활용해 할 만한 다른 아르바이트를 찾고 있었다. 보통 사람이라면 아무리 쉬운 장사라고 해도 밤 늦게까지 일을 하니 피곤을 느낄 법한데 박은영 사장은 워낙 건강하고 활기찬 타입이라 한두 시간이라도 소일거리가 있으면 하고 싶어 했다. 그래서 찾은 것이 우유배달이었다. 우유배달은 아이들이 등교하기 전에 일을 마칠 수 있었고 운동도 동시에 할 수 있으니 박은영 사장에게 안성맞춤이라는 생각이 들었다. 원래 새벽에 일찍 일어나는 편이라 새벽 근무에 대한 부담도 거의 없었다. 쉬엄쉬엄 운동한다는 생각으로 동네 한 바퀴를 돌고 오면 되는 일로 생각했다.

우유배달 알바는 언제나 구할 수 있는 일이라 생각했는데 의외로 박 사장의 동네에는 알바 자리가 별로 없어서 자리가 나기까지 좀 기다려야 했다. 자리가 나서 겨우 들어간 배달 알바는 박은영 사장의 동네가 아닌 다른 동네여서 우유배달에 조금 어려움이 있었다. 우유를 배달하려면 배달할 장소를 모두 외워야 하는데 단독 주택이 많은 동네라 외우기가 만만치 않았다. 2~3시쯤 일어나서 우유 배달 장소를 외워야 했는데 지리를 알려주는 선임도 빨리 인계하고 지기 담당 구역을 배달해야 하기 때문에 박은영 사장이 천천히 외우고 기억할 틈을 주지 않았다. 새벽, 아직 깜깜한 시간에 이곳저곳 배달할 곳을 체크하고 2시간 정도 돌고 나면 정신이 하나도 없었다.

또 우유배달을 하는 새벽에 비가 많이 오면 일의 강도는 훨씬 높아졌다. 초반에는 날씨 예보를 보고 우비나 우산을 챙겨가곤 했지만 어느 순간부터는 그냥 비를 맞고 하기 시작했다. 옷은 빨면 되고 몸은 샤워를 하면 그만이었다. 주변에서 좀 안쓰럽게 보기도 하지만 새벽에 비를 맞는 것도 나름 느낌이 있었다.

　우유배달을 시작한 지 몇 개월이 지난 후에는 박은영 사장이 사는 아파트 구역에 자리가 나서 조금 일이 편해졌다. 2~3분 정도만 걸어가면 출근할 수 있고 또 아파트라서 호수가 표시된 종이를 보면 쉽게 장소를 찾을 수 있었다. 아파트를 대상으로 할 때는 특히 조심해야 할 것들이 있다. 자칫하면 우유가 현관문에 부딪히며 큰 소리가 나기 때문에 신속하게 배달을 하면서도 조용히 처리해야 했다. 또 우유 주머니에 우유를 넣어두어야 하는데 간혹 다른 물건이 들어 있을 때도 있었다. 그렇다고 우유를 바닥에 놓아두고 가면 도난의 우려가 있기 때문에 그럴 때는 따로 비닐봉투를 사용해서 손잡이에 걸어주어야 했다. 만약 도난을 당해 우유가 안 왔다고 연락이 오면 오전에라도 다시 배달을 해야 하는데 이것은 여러모로 시간 낭비, 체력 낭비였다.

　보통 아파트의 엘리베이터를 통해 우유배달을 하다 보니 한 층을 돌고 나서 엘리베이터가 내려가 있으면 멍하니 기다려야 했는데 그 시간이 꽤 지루했다. 우유의 양이 적을 때는 계단으로 내려갈 수 있지만 우유의 양이 많아 끌고 다닐 때는 계단으로 갈 수가 없었다. 2~3시간 내에 배달을 끝내야 하니 매 작업 시간을 분 단위로 체크하며 배달해야 할 정도로 신속함이 중요했다.

힘든 점만 있는 것은 아니었다. 새벽의 시원한 공기를 마시며 우유배달을 하면 가끔은 정신적인 여유도 얻는 것 같았다. 조그만 토스트 가게에서 하루 종일 남편과 있으면 충돌하는 경우가 많았는데 우유배달은 혼자서 하는 일이다 보니 가끔 쉬기도 하면서 남들 신경 쓰지 않고 일할 수 있다는 점이 편했다. 새벽이라 사람들 눈치도 볼 필요가 없었다.

또 우유배달을 하다 보면 신문배달을 하시는 분들과 매일 마주치니 가벼운 인사를 나누며 낯선 사람과의 정도 맛볼 수 있었다. 무엇보다 당일 배달해야 할 우유가 얼마 남지 않아 바닥을 보이기 시작하면 후련하면서도 뿌듯함이 차올랐다.

처음에는 우유배달 알바를 잠깐 할 생각이었지만 하다 보니 벌써 시간이 1년이나 흘렀다. 우유배달 일이 익숙해져 크게 어려운 것은 없었지만 배달뿐 아니라 대금 회수도 함께 해야 하는 것이 큰 복병이었다. 만약 대금 회수가 안 될 경우 우유회사에서는 배달사원의 급여에서 미수금만큼을 빼고 급여를 지불해버린다. 그러니 우유회사 입장에서는 미수금 걱정을 할 필요가 없겠지만, 배달하는 사람 입장에서는 미수금이 매우 민감해진다.

  박은영 사장이 직접 배달하는 곳은 300곳 정도였는데 대부분 한 달에 3만 원 정도의 우유를 먹으니 박은영 사장에게 월 10만 원 이상씩 우유를 먹는 가구는 우량 고객이었다. 그런데 우량 고객 중 한 집이 3개월이 지나도록 우윳값을 지불하지 않고 있었다. 이른 새벽에 초인종을 눌러 사람을 만날 수도 없는 일이었다. 알고 있는 핸드폰 번호로 문자를 보내서 우유대금 약속날짜를 받아내 보았지만 고객은 번번이 약속을 어겼다. 박은영 사장은 답답한 마음에 이전에 그 구역을 담당했던 배달사원에게 따로 물어보았는데 그는 상습적으로 우윳값을 떼먹는 집이라고 귀띔해주었다. 그래도 매출 기준으로 보면 놓치기 아까운 큰 거래처라는 생각에 계속 우유를 넣었다가 총 30만 원 정도의 우윳값을 받지 못하고 급여에서 공제를 당했다. 처음에는 그 집에 넣던 우유를 끊고 우윳값도 포기하려고 했다. 그런데 어느 날 우유배달을 하다가 그 집의 대문 앞에 다른 회사의 우유가 여럿 놓여 있는 것을 보았다. 박은영 사장이 배달하는 우유가 중단되자 버젓이 다른 회사의 우유를 다시 시켜먹고 있는 것이었다. 너무 괘씸한 생각이 든 박 사장은 내용증명을 보내고 압류절차를 밟기로 마음먹고 이를 해당 집에 알렸다.

이렇게 상습적으로 돈을 떼먹는 것이 습관인 사람도 있지만, 사실 대부분의 사람들은 선량한 편이다. 선량한데도 많은 사람들이 외상대금을 잘 주지 않는 이유는 고객이 서비스나 제품의 가치를 잘 모르기 때문이다.

돈을 못 받으면서도 고객에 물건과 서비스를 계속 준다면 밑 빠진 독에 물 붓기일 뿐이다. 외상대금 청구는 물건이나 서비스를 제공하고 즉시 해야 하며, 외상대금을 계속 주지 않는 고객은 계속 물건이나 서비스를 제공할 것인지부터 다시 판단해야 한다. 만약 미수금 때문에 골치라면 고객이 외상대금을 줄 수밖에 없는 상황을 만들어서 적절한 시기에 통보할 것을 고려해보자.

우리 회사에서 상습적인 미수 고객을 다루는 팁은 이렇다. 미수 고객에게 늦지 않게 연락하여 외상대금이 들어와야 서비스를 계속할 수 있다고 통보한다. 여기서 중요한 것은 고객이 다른 회계컨설팅 업체를 알아볼 시간적 여유를 주지 않고 신고 마감 직전에 통보를 하는 것이다.

| 외상관리 |

일만 하면 뭐해, 돈을 **받아야지**

　딸아이는 이화발레학원에 다닌다. 처음 아이를 발레학원에 데리고 갈 때 내가 상상했던 학원의 구조는 문을 열고 들어가면 안내데스크나 대기실 같은 장소가 있고 그 장소를 지나면 수업을 진행하는 홀이 있는 형태였다. 물론 안내데스크 직원의 친절한 설명에 따라 다양하고도 자세한 사전정보를 듣고 난 후, 첫 수업에 임하는 것. 그것이 내가 상상한 학원의 그림이었다. 그런데 막상 가보니 큰 규모의 학원이 아니라서 상상과는 다르게 작고 아담했다. 학원 문을 열면 중간 통로나 데스크 없이 바로 연습실이었다. 마치 방문을 열면 그냥 방에 들어서는 것처럼 문을 열면 바로 연습실인 그런 구조였다. 더 낯설었던 것은 문을 열고 들어가니 대략 열댓 명 정도의 엄마들이 앉아 아이를 기다리고 있었는데 아이들이 연습하는 것을 보는 둥 마는 둥 하면서 수다를 떠는 모습이었다. 혹시 엄마들끼리 수다를 떨기 위해 아이에게 발레를 시키는 것은 아닐까 하는 우스개 생각이 잠깐 스쳐 지나갔다.

어느덧 아이가 발레학원에 다닌 지도 1년이 다 되어가고 있었다. 처음에는 호기심으로 발레학원에 다니기 시작했고 아이도 재미있어 했지만 발레가 같은 동작을 계속해서 반복하는 연습이라 슬슬 지루해하는 듯했다. 제 엄마와 트러블이 있을 때마다 아이는 발레학원에 안 가겠다고 떼를 썼지만 아내의 질긴 설득을 이기지 못해 결국 용케 1년을 넘게 다니게 되었다. 발레학원에서는 1년에 한 번씩 학부모들을 초청해 아이들의 공연을 주최했는데 공연을 한 번 하고 나면 아이들도 그 재미를 알게 되고 부모 또한 그 뿌듯함에 계속 발레를 시키는 것 같았다.

그렇게 딸아이를 발레학원에 보내기 위한 엄마의 사투가 이어지고 있는 어느 날 아내가 발레학원에서 보내온 미납 청구서를 보더니 흥분을 했다.

"발레학원 수강료가 3달치나 밀려 있었어?"

아내는 나한테 물어보면서 의아한 표정을 지었다.

"글쎄."

나는 답했다. 아내는 매달 지급한 것으로 알고 있었는데 2달치도 아닌 3달치나 밀려 있다는 것이 이해가 가지 않는다며 투덜댔다.

나는 서둘러 수강료를 지급하려다가 잠시 지급을 보류했다. 우리의 통장내역을 보니 분명 지난 2개월치 수강료는 입금을 한 게 확실했다. 만약 대금 청구가 제대로 되어 있었다면 남은 한 달치 수강료를 바로 지급했겠지만 앞서 돈을 내고도 미납 처리가 되어 있는 금액을 보니 마음이 찝찝해 바로 내기가 선뜻 내키지 않았다.

이 발레학원처럼 청구서 금액이 잘못 되어 있어서 일단 지불을 미루는 경우도 있다. 이런 경우가 없게 하려면 매출채권 대장을 작성할 때 크로스체크를 해야 한다. 이미 잘못된 청구서를 발행했더라도 빨리 청구서 금액을 수정하고 오류에 대한 사과를 하면 큰 문제는 되지 않을 수 있지만, 기본적으로 미수금이 잘못 청구되면 다음번에는 거래처를 잃을지도 모른다는 예상까지 해야 한다. 또한 수수료 청구서만 보내고 대금 회수 작업을 끝내지는 않는지 반문해봐야 한다. 때로는 고객에게서 돈을 받아내는 것이 일 자체보다 훨씬 더 어렵고 더 많은 노력이 필요하기도 하다. 팩스로 청구서 한 번 보내고 전화 한 통 하는 것으로 미수금이 100퍼센트 회수된다는 것은 기적 같은 일이다.

장사를 하면서 느껴야 하는 것 중 가장 중요한 건 '일을 하는 것과 돈을 버는 것은 다르다는 사실이다. 열심히 일하면 분명 매출을 늘릴 수 있지만 이것이 무조건 돈으로 연결된다는 보장은 없다. 실제로 뼈 빠지게 일하고도 대손으로 처리되는 경우가 많기 때문이다. 일을 하면서 매출을 현금으로 연결시키려면 대금 회수과정을 매우 중요한 문제로 다루어야 한다. 고객들이 대금 청구에 대해 갖는 불만 중 하나는 청구서를 제대로 보내지도 않으면서 돈을 달라는 것이다. 이는 돈을 받으려는 노력을 직원들이 안 하고 있다는 증거다.

외상대금이 왜 생길까? 여러 가지 원인이 있겠지만 대부분은 돈을 안 주는 고객 때문이 아니라 돈을 받으려는 노력이 부족하기 때문이다. 또 요즘은 경기가 너무 힘들기 때문에 청구서를 보냈다고 해서 무조건 돈이 들어오는 시대가 아니다. 최소 3~4번은 전화를 해야 들어올까 말까 한다. 그런데 보통은 팩스로 수수료 청구서를 보내고 나서 끝이다. 누군가가 책임감을 갖고 수수료를 직접 챙기지 않으면 거의 회수가 안 된다는 사실을 알아야 한다.

고객과의 대금 청구 기준이 느슨해졌다면 좀 더 견고하게 대금 청구 시스템을 바꿔야 한다. 외상대금 회수의 기본 3원칙은 정확한 금액을, 적시에, 적절한 방법으로 청구해야 한다는 것이다. 외상대금 회수가 안 되는 것은 이 3원칙이 무너졌기 때문이다.

| 외상관리 |

당신은 얼마나 많은 공짜서비스를 주고 있는가?

유병관 강사는 주로 대기업을 대상으로 강의하는 전문 강사다. 강사라는 직업은 강의 실력 외에도 브랜드와 네트워크가 아주 중요하다. 보통 일정 금액의 교육비가 예산으로 이미 잡혀 있기 때문에 기업 교육 담당자 입장에서는 꼭 그 돈을 지출해야 한다. 그래서 이왕이면 자신과 네트워크가 있는 강사들을 초빙하게 된다. 그러니 강사들이 개인적으로 이 정도 네트워크를 갖추고 있으려면 최소한 자신의 브랜드가 있어야 하고 기업체 강의 경험이 있어야 했다. 그래서 강사들은 상징성이 될 만한 기업체에 강의를 하기 위해서라면 무료강의도 마다하지 않았다. 강사를 초빙해야 하는 기업들도 이런 강사들의 상황을 잘 알고 있었다. 특히 정부기관들은 그런 강사들의 심리를 잘 이용했다. 정부투자기관들은 예산이 적게 한정되어 있어서 강의료 단가가 낮은데도, 정부기관에서 강의했다는 자체가 강사들의 이력서를 보기 좋게 만들어주기 때문에 강사들은 정부기관에 강의를 하려고 줄을 선다.

  기업체들은 이런 강사의 입장을 잘 알고 역이용한다. 유병관 강사가 거래했던 L그룹이 대표적이었다. L그룹은 우리나라 대기업 중 가장 싼 수수료로 강의 비용을 협상하는 편인데 그 이유로 드는 것이 파일럿 강의였다. 이번 파일럿 강의가 잘되면 다음에 대규모 인원으로 확대하여 많은 교육을 시킬 것이니 일단 가격을 싸게 해달라는 것이다. 그런데 유 강사가 몇 번 강의를 진행해보니 L그룹의 강의는 전부 파일럿 강의였다. 계속해서 다음에 많은 일을 주겠으니 이번에는 샘플로 싸게 강의를 해달라는 제안이 수년 동안 반복되었다.

  이런 계산을 파악한 뒤부터 유병관 강사는 L그룹의 강의는 되도록이면 받지 않으려고 했고 불가피하게 하더라도 그다지 신경 쓰지 않고 가격에 상응하는 교육서비스만 하고 말았다.

  나중에 많은 물량을 주겠다거나 다음에 많은 거래처를 소개해주겠다고 말하는 고객은 웬만하면 믿지 않는 게 좋다. 지금 현재가 중요한 것이고 지금 현재에 이익이 나야 다음도 있는 것이다. 제품이나 서비스가 좋으면 고객은 만족하게 되고 자연스럽게 다음에 더 많은 물량을 구입하거나 다른 거래처를 소개해주는 법이다. 그리고 정말로 소개를 많이 해주는 거래처는 나중에 어떻게 해주겠다느니, 많은 사람을 소개해주겠다느니 하는 말은 꺼내지도 않는다. 소개를 많이 해주는 사람은 결국 스스로 제품이나 서비스에 만족한 사람이다. 그런 사람들은 대부분 뭔가를 고르는 데 까다롭고 자신이 직접 이용해보기 전에는 섣불리 남에게 추천하지 않는다.

  거래도 하기 전부터 나중을 생각해서 가격이나 물건을 흥정하려 드는 거래처라면 애당초 거래를 하지 않는 것이 좋다. 나중에 많은 거래를 할 테니 이번에는 싸게 해달라는 제안을 수락하는 경우가 많지만 처음부터 공짜, 혹은 낮은 단가로 서비스를 해버리면 이것이 거래의 기준이 되어버려서 나중에 거래할 때 제 가격을 받기가 더 어려워진다. 지금 일한 것은 지금 돈을 받아야 하고 그 자체로 수익이 되어야 한다. 지금 제대로 받지 못하면 나중에도 제대로 받기가 힘든 경우가 많다. 하늘을 나는 천 마리 새보다 새장 속의 한 마리 새가 낫다.

:: 장사의 1급 비밀 ::

대금을 청구할 때는 다정하지만 정확하게!

1. 고객이 주고 싶은 마음이 들게 하라

외상대금을 청구할 때는 고객이 돈을 내고 싶은 마음이 들게 만들어야 한다. 즉, 뭔가 돈을 지불할 만한 서비스를 받았다는 것을 진심으로 느끼게 해야 한다. 이는 단지 중요한 계약을 이행하는 것 등을 의미하지는 않는다. 사실 작은 관심만으로도 고객은 훨씬 쉽게 가치를 인정한다.

최근에 우리 회사의 고객 전화 및 상담 내용을 리스트업해보니 고객이 돈을 주고 싶은 마음이 들 만한 작은 관심을 여럿 발견할 수 있었다. 또한 주고 싶은 마음이 없어지기 전에 청구하는 것도 중요하다. 고객들이 제공받은 물건이나 서비스에 관해 만족하는 기간은 길어야 일주일이 채 되지 않는다. 사람들은 기억해야 할 것이 많아서 우리가 공들인 가치를 금방 잊어버린다. 그래서 일을 해주었다면 곧바로 청구해야 한다. 고객이 우리가 해준 일에 대해서 잊어버리기 전에 말이다.

2. 외상이 많은 고객의 불만을 해결해라

사람들은 외상대금이 늘어갈수록 제품이나 서비스를 트집 잡아 외상대금을 깎거나 안 주려고 한다. 외상대금이 많아지면 지급에 부담을 느끼게 되니 대금을 깎을 명분을 찾는 것이다. 대금을 요청할 적절한 시기를 놓쳐버렸다면 일단 고객의 불만이 무엇인지 들어보고 이를 해소하기 위한 노력을 해야 한다. 그러고 나면 외상대금을 받아낼 명분이 다시 생긴다.

3. 정확한 금액을 청구해라

미수금 문제 사례들을 보면 대금 청구과정상에 오류가 생겨 미수금이 늘어나는 경우가 많은데 그중 가장 자주 일어나는 실수가 대금을 잘못 기재하는 경우이다. 가격 자체를 잘못 기재했거나, 또는 이미 지급했는데 미수금으로 처리해 다시 청구를 하는 경우에 고객은 더욱 대금 지급을 하기 부담스러워한다. 고객은 자신이 지급할 금액을 정확하게 알고 있다. 그래서 청구 금액이 조금이라도 다르면 이를 핑계 삼아 대금 지급을 늦추거나 깎을 명분을 찾는다.

4. 대금 회수에 좋은 마감기한은 말일이다

대부분 장사하는 사람들은 돈을 매월 말일에 지급하는 경향이 있다. 따라서 외상대금을 회수하는 입장에서도 매월 말까지 회수 완료가 목표인 경우가 많다. 말일에 회수하는 것이 목표라면 청구서는 매월 20일 정도에는 보내야 한다. 여기서 주의할 것은 20일부터 발송하는 것이 아니라 20일까지 도착하도록 발송해야 한다. 거래처도 돈을 마련할 시간이 필요하니 여유를 주기 위해서, 또 한두 번 약속을 어길 것을 감안하여 미리 날짜를 잡아야 말일에 회수할 가능성이 높아진다.

　문자를 보내거나 전화를 할 때 사정이 좋지 않다는 것을 강조할 필요도 있다. 가령 직원들이 현금 회수액에 따라 평가를 받는다며 회사의 시스템 핑계를 대는 것도 방법이다. 말일에 다른 자금집행을 해야 한다고 부탁을 드려보는 것도 좋다. 어떤 직원은 미수금을 회수하지 못하면 직원들 월급이 깎여서 자신의 급여가 절반밖에 나오지 않는다고 말하기도 한다. 얼마 되지도 않는 직원의 급여가 깎인다는 말을 듣고도 외상대금을 지급하지 않겠다고 버티는 회사는 별로 없다.

5. 지급 약속 일자를 받아라.

돈을 지급하는 사람은 자신이 지급할 돈을 적극적으로 지급하지 않는다. 그래서 대금 요청을 하면 상당히 소극적으로 '알았습니다'라고 말하는 경우가 많은데 이것은 반드시 '주겠다'는 의미는 아니다. 마지못해 하는 변명인 경우도 많다. 그래서 대금

요청을 하면서 반드시 함께 해야 하는 것이 '대금 지급 날짜'를 고객으로부터 확답 받는 일이다. 고객이 직접 언제까지 주겠다는 약속을 하면 그만큼 회수율도 높아진다. 그리고 주기로 한 날짜가 가까워지면 혹시나 고객이 잊어버릴 수 있기 때문에 문자메시지나 전화를 해서 약속날짜를 다시 한 번 상기시켜주는 것이 필요하다.

고객이 약속 날짜를 확답해주지 않으면 '25일까지 주실 수 있으세요?'라고 제안할 수도 있다. 한편 그냥 제안으로 끝나서는 안 되며 반드시 고객의 확답을 받아야 한다. 25일까지 되는지, 만약 안 되면 언제까지 가능할지 확답을 받고 그때까지 얼마를 줄 수 있는지도 물어봐야 한다. 그냥 일부를 주겠다고 하는 것과 구체적으로 얼마를 주겠다고 하는 것은 마음가짐부터 다르다. 그냥 주겠다고 대답하는 고객은 말뿐인 경우가 많다. 약속 일자에 자신이 지급할 여력이 되는지조차 생각하지 않고 그 상황을 모면하기 위해서 말로 핑계를 대는 것이다. 그러나 구체적으로 언제 얼마를 지급하겠다는 것은 자신의 자금상황을 어느 정도 고려하고 말하는 것이기 때문에 약속을 지킬 가능성이 높아진다. 미수금이 많다면 한꺼번에 받으려고 하기보다는 고객이 줄 수 있는 금액을 청구해야 한다. 한꺼번에 지급하지 못하면 분납을 허용하되 꼭 약속을 지키게 해야 한다.

| 선수금 |

일을 하고 돈을 받는가?
돈을 받고 일을 하는가?

    고형관 사장은 지인들을 초청해서 함께 공부하는 '리더스북클럽'이라는 독서 모임을 운영하고 있다. 주로 사장들이나 직장에서 책임자급으로 있는 사람들이 이 모임의 멤버였다. 10여 년 전 이 모임을 처음 만들 때 최대한 많은 사람들이 나왔으면 하는 바람에서 공부 모임 시간을 매월 둘째 주 수요일 점심으로 정했다. 한 주가 시작되는 월요일과 마무리인 금요일은 비즈니스맨들에게는 유독 바쁜 시간대이므로 수요일이 좋겠다는 의견이 있었고 점심은 어차피 먹어야 하니 도시락으로 점심을 먹으면서 한 시간 정도 공부 모임을 하자는 의견이 모여 수요일 점심으로 결정되었다. 그런데 참석률은

10명 중 3~4명 정도였다. 고 사장은 모임에 나오지 못한 회원들에게 그 이유를 물어보았다. 대부분은 '갑자기 일이 생겨서' 또는 '바빠서 못나왔다'며 미안해했다. 그는 다시 회원들과 일정을 조절했다. 일도 안 생기고 바쁜 일도 없는 때는 과연 언제일까? 그래서 독서모임을 토요일 새벽 6시로 옮겼다. 조사해본 결과 토요일 새벽 6시에 일하는 회사도 없었고 이때라면 일이 바빠서 못 나오지는 않겠다는 판단에서였다. 그러나 수요일에 바빠서 못 나온다고 하던 회원들은 토요일 새벽 6시에도 못 나왔다.

못 일어났거나 아니면 전날 술을 많이 마셔서일지도 모른다. 그러나 이들이 나오지 못한 진짜 이유는 독서 모임에 나올 필요성을 별로 느끼지 못하기 때문이었다. 사람은 항상 무슨 일이든 득과 실을 따져보고 선택을 한다. 아마 수요일에 못 나왔던 회원들은 독서 모임의 중요성보다 다른 회사 업무를 더 중요하게 생각했을 것이다.

회원관리에도 고민이 컸지만 고형관 사장이 어려움을 느끼는 부분은 따로 있었다. 이에 대해 묻자 그의 얼굴이 어두워졌다.

"도시락을 저희 쪽에서 미리 준비해두는데 도시락값을 제대로 받지 못하는 경우가 많습니다."

"아니, 자기가 먹은 것도 내지 않는다는 말인가요?"

도시락을 먼저 회사 비용으로 구입해서 나중에 회원들에게 받는

데, 나오기로 한 회원들이 나오지 않는 경우가 많고 나온 회원들마저 그냥 잊어버리고 가는 경우도 많다는 것이다.

한 번은 고형관 사장이 공부 모임에 참석하지 못해 내가 그 시간에 강의를 해준 적이 있다. 나는 다른 회원 한 명을 지목해 점심 준비를 부탁했다. 그런데 강의가 끝나고 나서 점심을 준비한 그 회원이 말했다.

"회계사님, 또 점심값을 받지 못했어요."

회원은 일정이 모두 끝난 후에 점심값을 받으려고 했다가 시기를 놓쳐버렸다고 했다. 나는 말했다.

"점심값을 세내로 받으려면 점심을 먹기 전에 받아야 합니다."

그 회원도 카페 운영에 신경을 쓴 나머지 점심값 받는 것을 잊어버리고 있었다. 주기 전에 받으면 절대 미수금이 생길 리 없다.

공부 모임 회원들이 점심값을 내지 않으려고 일부러 마음을 먹지는 않았을 것이다. 그저 별 생각 없이 잊어버린 것으로, 돈을 지급해야 하는 측의 입장은 보통 그렇다. '알아서 주겠지?'라는 막연한 믿음을 가진다면 확실한 실망으로 돌아온다. 결국 돈을 받는 사람이 상대에게 이 사실을 상기시켜주어야 한다. 가장 좋은 방법은 먼저 돈을 받고 일을 하는 것이다.

회사에서 쓰던 컴퓨터가 고장이 나 새로 구입하려고 S전자에 주문을 했다. 과거에는 주문하고 컴퓨터가 도착해서 세팅을 한 후에 청구서를 받고 대금을 지불했는데 언제부터인가 계약금을 지불하지 않으면 주문 자체가 들어가지 않았다. S전자에 왜 그런 거냐고 물었더니 회사의 시스템이 그렇다고 답했다. 제품을 창고에 항상 보관하고 있는 게 아니기 때문에 대금이 들어와야 주문이 들어갈 수 있다는 것이었다. 처음에는 왠지 좀 어렵고 불편하지 않나 하는 생각이 들었는데 S전자 대리점 사장이 덧붙인 말에 나는 감탄할 수밖에 없었다.

"우리는 기성품처럼 미리 만들어놓지 않습니다. 우리는 고객이 주문을 하면 당신만을 위한 제품을 즉시 만들어드립니다."

나는 대리점 사장의 말에 기분이 좋아졌다. 누구나 아무 때나 쉽게 사는 그런 제품이 아니라 나 자신만을 위한 제품을 만들어서 준다는 말을 들으니 구입할 때 선입금을 하는 것은 당연하다고 생각하게 되었다. S전자 입장에서는 선수금을 받는 것이니 현금장사보다 더 좋은 조건으로 판매를 한 것이다. 여기에 현금장사의 중요한 팁이 있다. 현금을 받고 판매하려고 할 때 고객이 불편하게 생각할 수 있는데 이때는 현금을 받고 파는 것이 회사의 규칙이라고 말하면 된다. 줄 수밖에 없는 상황을 설명해주는 것이다. 수수료가 들어오면 일이 진행된다는 것을 암시해줘야 한다. 이때는 강압적인 표현보다는 완곡한 표현이 더 좋다. 가령 회사에 물건을 주문하면 선입금이 되어야 물건 제조에 들어갈 수 있다는 회사 원칙을 듣게 되었다 치자. 고객의 입장에서도 물건을 구입하기 위해서는 물건값을 먼저 지불하는 것이 원칙이라고 하니 담당 직원과 채권을 이야기할 상황 자체가 성립되지 못한다. 중소기업이나 자영업의 경우에도 이렇게 대응하면 좋을 것이다. 즉 '일반적으로' 또는 '회사 규정상' 등을 이유로 입금이 된 후에 일이 진행되는 것이라고 설명해주는 것이다.

현금장사의 기본은 먼저 받는 것이다. 먼저 받으려면 일을 하기 전에 돈을 받는 방법을 고민하라. 어려울 것 같지만 많은 고객이 돈을 먼저 주는 것에 그다지 인색하지 않다.

| 선수금 |
착수금의 비율을 높여라

아는 지인 중에 개업한 지 10년이 되어가는 홍두선 변호사가 있다. 우리 딸아이가 처음에 어린이집에 다니기 시작했을 때 홍 변호사의 아들에게 의지를 많이 해서 아이가 어린이집에 적응하는 데 도움이 많이 되었고, 이를 계기로 친해져서 계속 연이 이어지고 있었다. 홍 변호사의 부인은 아이들이 다니는 학원이나 어린이집에서 자주 만나는 편이라 이때마다 나는 홍두선 변호사의 안부를 듣곤 했다.

부인의 말에 의하면 홍두선 변호사는 언제나 바쁘다고 했다. 그런데 바쁘면 돈이 들어와야 하는데 돈은 못 벌고 바쁘기만 한 것 같다고 했다.

홍 변호사의 부인이 농담 삼아 던진 말이지만 어느 정도 진심이 담겨 있는 듯했다. 부인의 말에 따르면 홍두선 변호사는 학자 스타일이라서 변호사라는 직업이 잘 맞지 않는다고 했다. 그날 이후, 홍두선 변호사와 점심 식사를 함께 하게 되었을 때 나는 그의 고충을 들을 수 있었다.

"변호사 업도 빛 좋은 개살구예요. 남들은 돈 잘 번다고 그러는데 사실 변호사는 자기 혼자 모든 일을 다 해야 하거든요. 재판을 위한 자료를 직원들이 쓰지 못하니까 변호사가 서류 작성부터 재판, 교도소 접견까지 모두 해야 하는 상황입니다. 낮에는 재판이 잡혀 있기 때문에 저녁이나 주말에 서류 작성을 해야 하니 매일 야근이죠."

일은 많은데 단가가 많이 떨어져서 수익성이 좋지 않다고 했다. 대형 로펌에서 소속 변호사로 근무할 때는 700만 원 이하 소송은 거들떠보지도 않았고 기본이 1000만 원 이상의 착수금에 성공보수가 있는 사건들만 다루었는데, 개업해서 소규모 법인을 설립했더니 500~600만 원 정도의 사건이면 그나마 괜찮은 것이고 대부분 300만 원 이하의 소송들이었다. 또 사건들이 일회성으로 들어오는 것이라서 매월 영업에 대한 부담을 느끼면서 일을 해야 했고 사건을 수임하지 못해 착수금이 줄어들면 사무실 운영이 바로 어려워졌다.

그래서 최근에는 부동산 시행, 개발, 인테리어 등에 관심을 갖고 있다고 했다. 다른 변호사들도 최근 산후조리원에 투자하거나 다른 사업의 공동대표로 취임하려는 움직임이 많아 변호사협회에 겸직 신청을 하는 경우가 많다고 했다. 변호사 업만으로 먹고사는 데 문제가 없으면 그럴 이유가 없지만 사정이 호락호락하지 않으니 다른 곳에 한눈을 팔 수밖에 없는 상황이라는 것이다.

또 사무장 중에는 브로커로 먹고사는 사람들이 많은데 브로커들이 사건을 수임해오는 경우에는 수임료의 10~20퍼센트를 수수료로 지급해야 했다. 이런 뒷돈들은 정상적인 증빙을 받을 수 없으니 세금을 계산할 때 경비 처리가 안 되어 세금을 내고 나면 남는 것이 별로 없다고 했다.

"한 달에 300만 원짜리 사건 10건을 수임한다는 것 자체가 힘든 일이에요. 사건 한 건을 맡으면 소장을 작성하고 계속 의뢰인과 연락을 주고받으며 2주 정도는 재판 준비를 해야 해요. 책상에 쌓인 서류들을 보면 학교 때 밀린 숙제를 하는 것 같은 부담이 들죠. 이렇게 숙제와 전쟁을 치르고 법원에 소장을 제출하면 그때부터는 의뢰인도 시간을 갖고 기다려주기 때문에 한숨 돌릴 수 있는데 한숨 돌릴 겨를도 없이 운영비를 벌어야 한다는 부담감에 새로운 사건을 수임해야 하고 그러면 다시 숙제가 생기게 됩니다. 그런데 이렇게 한다고 해도 한 달 매출이 3000만 원 정도밖에 안 돼요. 인건비와 관리비, 그리고 접대비와 경비로 쓰고 나면 항상 통장 잔고는 바닥입니다."

식사를 마칠 때쯤 통장 잔고가 바닥이라는 이야기가 나와서 점심값은 내가 내야 할 것 같은 분위기였다. 식사값을 내려고 했더니 홍두선 변호사는 손사래를 치며 말했다.

"통장에 잔고가 없어도 지갑에 현금 50만 원은 꼭 넣어두고 다닙니다. 밥 얻어먹고 다니지 말라는 선배의 지론 때문인데, 이게 어떻게 보면 변호사들한테는 최소한의 자존심입니다."

변호사 수임료는 착수금과 성공보수 비율로 나뉜다. 착수금이 많으면 성공보수를 낮추고 성공보수가 높으면 착수금을 낮추는 것이다. 보통은 의뢰인들의 성향에 따라 착수금을 높일지, 성공보수를 높일지를 결정했다. 변호사 입장에서야 성공 여부에 관계없이 기본적인 업무를 해야 하지만 고객의 입장에서는 성공의 확신이 들지 않는 상황에서 착수금을 많이 주고 싶지는 않을 것이다. 특히 여유가 없으면 반드시 승소를 해서 상대방으로부터 변호사 비용까지 받아내야 하니 그럴 경우에는 착수금을 최대한 낮추고 승소를 하면 성공보수를 많이 지급하는 쪽으로 계약하고 싶을 것이다.

그러나 홍두선 변호사는 착수금을 많이 받고 일하는 것을 선호했다. 실제로 성공하더라도 성공보수를 받지 못하는 경우가 많은

게 현실이고 재판이 끝나면 연락도 안 되는 의뢰인들이 많아서 사건 수임료를 선불로 받는 것이 유리했다. 성공보수가 많으면 어떻게든 보수를 받기 위해 재판을 이겨야 하므로 성공에 대한 부담감이 늘어나 스트레스가 심했다. 그래서 술 약속이 없는 날이면 일찍 퇴근하는데 이는 가족들과 지내기 위해서가 아니라 너무 피곤해서였다. 그는 간만에 일찍 집에 가도 몰린 피로를 풀기 위해 바로 쓰러져 자기 바쁘다고 했다. 이렇게 일주일이 지나 금요일 오후가 되면 주말을 맞이하는 기쁨이 고등학교 때 금요일 오후 수업 끝나고 집에 가는 느낌이라고 했다. 힘든 업무에 대한 스트레스를 주말 동안 골프와 술로 달래고 일요일 오후가 되면 월요일 학교 갈 생각에 잠 못 이루는 학생들처럼 월요병에 시달린다고 했다.

　홍두선 변호사는 나이가 들어가면서 되도록이면 성공보수보다는 착수금만 받고 끝나는 쪽으로 계약을 하게 된다고 했다. 또 성공확률이 높은 건만 맡아서 숙제가 밀리는 듯한 부담감을 줄이려고 했다. 이런 이유로 착수금을 받는 것이 더욱 관행으로 굳어졌다. 다른 변호사들 또한 의례 착수금을 받아야 일을 시작하는 것처럼 말하고 고객들도 여기에 의심을 품지 않는다.

　보통 모든 계약에는 계약금과 중도금, 그리고 잔금 형태로 돈을 지급하게 되지만 변호사는 대부분의 돈을 시작하기 전에 받고 있는 것이다.

다른 서비스업종에 비해 아무리 업무적인 부담이 있더라도 변호사의 착수금 현금 회수 방식은 독특한 것이다. 대부분의 서비스업종들은 일을 모두 하고 나서 돈을 받는다. 사실 변호사처럼 착수금으로 돈을 먼저 받는 방식은 사업의 현금 흐름면에서 미수금을 방지하는 매우 좋은 방식이다. 다른 업종에서도 현금 흐름을 좋게 하기 위해 이와 비슷한 전략을 취해볼 필요가 있다. 고객이 먼저 돈을 주도록 착수금 같은 시스템을 갖추거나 관행을 만들어 고객에게 이야기를 해보는 것이다.

"우리 회사에서는 착수금을 받으면 일을 시작하는 것이 원칙입니다."

또한 "착수금이 입금되면 일을 더 빨리 시작할 수 있습니다"라는 식의 멘트 하나만으로도 대금 회수시기를 굉장히 앞당길 수 있다. 장사하는 사람들은 돈 이야기를 미루는 경향이 있다. 하지만 이에 대해 너무 망설이지 말아야 한다.

언젠가는 돈 이야기를 해야 한다. 오히려 이 시기가 늦어질수록 점점 돈 이야기를 꺼내기가 힘들고 또 고객도 돈 줄 생각을 안 하게 된다. 또 외상대금이 쌓이기 시작하면 너무 액수가 커져서 돈을 줄 수 없는 상태에 이르게 되고 아이러니하게도 고객은 돈을 안 줄 명분마저 얻게 된다.

보통 우리는 마트나 시장에서 물건을 살 때 물건의 기능을 본다. 어디에 쓰는 물건인지, 그리고 내가 찾는 물건과 비슷한 가치가 있는지를 살펴본다. 그 다음에 가격을 보고 저 가격이면 비싼지 싼지를 판단한다. 또 비싸면 그 이유가 무엇인지, 다른 것보다 좋은 기능이 있는지 물어본다. 그 후에 만족스러우면 돈을 내고 물건을 사와 사용하게 된다.

그런데 서비스를 파는 장사는 반대로 이루어진다. 고객이 어떤 것을 물어보면 아는 내용을 알려준다. 고객은 더 궁금한 사항이 있으면 물어보고 요청도 하고 서류를 만들어달라고도 한다. 회사는 다 주고 나서 나중에야 서비스 수수료를 결정해서 고객에게 청구서를 보낸다. 고객은 무료인 줄 알았는데 무슨 돈을 내라고 하냐고 불쾌해한다. 또 너희가 해준 것이 뭐가 있다고 이렇게 비싸냐고 따지기도 한다. 이것을 물건 구매과정으로 바꿔서 설명하면 손님이 물건을 구경하다가 처음 보는 것이라서 어디에 쓰는 거냐고 물었더니 주인이 물건을 가방에 넣어주면서 쓰라고 말하는 것이나 다름이 없다. 손님은 증정품을 주는구나 하고 생각하고 집에 가서 열심히 사용한다. 그런데 한 달 후에 가게에서 수백만 원짜리 청구서가 날아온다. 손님은 가게에 가서 따진다. 아무것도 아닌 물건이 뭐가 이렇게 비싸냐고, 별로 쓸 마음도 없었는데 가게 주인이 가져가라고 넣어주고 왜 청구하냐고, 이렇게 비싼 거였으면 애당초 살 마음도 없었다고 말이다.

　이것은 서비스를 파는 프로세스가 물건을 파는 프로세스와 반대이기 때문이다. 서비스를 제공하기 전에 먼저 제공하는 서비스가 어떤 것들이 있는지 그리고 전체 가격이 얼마인지 설명해야 한다. 절대 서비스를 다 주고 나서 가격을 설명해서는 안 된다. 고객은 자신이 얻는 가치가 가격보다 크다고 느낄 때만 서비스를 원하기 때문에 항상 내가 받는 서비스 수수료보다 고객이 얻는 가치가 더 크다는 것을 강조해야 한다. 서비스도 물건 팔 듯이 포장하여 잘 디스플레이하고 가격을 표시해서 고객이 쉽고 합리적으로 구매할 수 있도록 해야 한다. 이 서비스로 고객이 얻는 이점과 가격을 알기 쉽게 비교해놓아야 한다. 특히 서비스야말로 이런 포장의 기술이 필요하다.

　계약을 할 때 최소한 착수금 비율을 50퍼센트로 높이도록 노력하라. 착수금이 높을수록 계약을 해지할 가능성도 줄어들고 일을 해주는 보람도 높아진다. 또 착수금을 미리 받으면 나중에 외상대금을 관리하는 데 들어가는 시간도 절약할 수 있다.

| 선수금 |

선수금 낼 명분을 만들어주면 누구나 낸다

내 아내는 유기농 마니아다. 인스턴트 음식은 아예 먹지를 않고 아이들에게도 과자 한번 사준 적이 없다. 그다지 부지런한 성격이 아닌데도 아이들의 건강을 위해 유기농 재료를 이용하여 직접 간식을 만드는 것에는 정말 열성적이다. 오죽하면 내 아이들은 어린이집까지 유기농 음식만 주는 곳에 다녔다. 아이가 넷이나 있고 모두 한 어린이집을 다닐 예정이라 어린이집을 선택할 때 가장 까다롭게 고민한 기준 중 하나가 먹거리였다. 그래서 우리 아이들은 명문으로 소문난 것은 아니지만 먹거리 하나만큼은 철저한 유기농 어린이집을 다녔다.

처음에는 이런 아내가 유별나다고 생각했고 인생 뭐 별거 있다고 먹는 재미까지 포기하나 싶었다. 그런데 아이들의 식습관을 보면 시간이 지날수록 아내의 선택이 탁월했다는 것을 깨닫는다. 지금도 아이들은 김치와 된장국을 잘 먹고, 햄이나 소시지를 싫어한다. 나는 이 모든 게 아내의 유별난 성격 덕분이라고 칭찬하곤 한다.

나 스스로도 인스턴트 음식에 길들여져 있을 때는 맛있다고 생각했던 것들이 요즘은 맛이 없다. 오히려 자연식 음식에서 '먹는 재미'를 느끼고 있다. 내 아내는 식당을 가더라도 본능적인 미각으로 조미료를 얼마나 넣었는지 파악한다. 특히 오로지 맛을 위하여 조미료를 넣는 식당은 아내에게 철저하게 거부당한다. 아내의 유기농 먹기 운동은 재료를 구입할 때부터 시작된다. 아내는 여기에 아주 민감하여 음식을 살 때만큼은 가격에 상관없이 몸에 좋은 것을 기준으로 본다. 회계사인 나는 아무리 몸에 좋아도 먼저 가격을 비교해보고 가격 대비 얼마나 좋은가를 따지는데 아내는 가격표를 거의 무시한다. 물론 우리 가족이 가격을 보지 않고 장을 보기 위해서는 그만큼 내가 뼈가 부서지게 일을 해야 하겠지만, 아직까지는 큰 부담이 없다.

아내는 어디에 유기농 매장들이 있는지 확실한 정보를 가지고 있고 새로 매장이 생기면 어김없이 찾아가본다. 요즘 아내는 자연드

림이라는 협동조합에 다닌다. 나도 가끔씩 아내를 따라 매장에 가는데 유기농 매장임에도 불구하고 아이스크림부터, 빵, 고기 등 없는 것이 없었다. 사실 나는 유기농 매장을 볼 때 그다지 호의적으로 보지는 않는다. 효과도 거의 없으면서 가격만 비싸게 받는다는 선입견이 있기 때문이다. 그러나 이런 나의 생각을 아내하고 이야기해봤자 소용이 없다는 것을 익히 알고 있다. 오래전에 이야기를 해보았는데 효과 대비 가격만 비싸다는 나의 논리와 시중 마트와 가격 차이가 거의 없고 오히려 더 싸다는 아내의 논리 사이에 평행선만이 이어졌다. 물론 내가 시간을 조금 내서 가격 조사를 하고 품목별로 가격 비교를 해보면 결론이 날 수도 있었다. 그러나 내가 그렇게 한다면 아내의 시장 볼 권리까지 침해하는 남편으로 낙인 찍힐 것이 분명했다. 또 아내의 기분을 나쁘게 해서 얻을 것이 없었고 절대적으로 나에게 불리한 일이라 그냥 그러려니 했다. 대신 나는 금액의 상한선을 정하기로 했다. 나와 아내의 용돈을 정해두고 일주일 단위로 현금으로 찾아서 그 돈만 쓰도록 약정한 것이다. 나는 용돈으로 밖에서 쓰는 모든 지출을 충당하고 아내는 용돈으로 집에서 먹는 식자재와 개인적인 지출까지 할 수 있었다. 또 여기에는 절대로 카드는 안 쓴다는 전제조건이 따랐다. 그런데 얼마 전 자연드림에 갔다가 매장에서 팸플릿을 하나 보게 되었다. 그 팸플릿에는 이렇게 쓰여 있었다.

"아이쿱생협 수매선수금 운동 참여 가이드"

회계 냄새가 물씬 풍기는 '선수금'이라는 단어가 나의 눈과 귀를 쏙 잡아당겼다. 내용을 보니 '수매선수금 운동'은 아내와 같은 조합원이 이용할 물품대금을 미리 지불해 조합원 모두가 이용할 곡류, 채소, 과일 등의 생산, 수매에 필요한 자금을 마련하는 운동으로 생산계약금 또는 수매자금과 같은 의미였다. 나는 아내에게 물었다.

"자기 수매선수금 운동 알아?"

내 질문에 아내는 조심스럽게 대답했다.

"응."

"자기도 참여하고 있어?"

아내는 더 조심스럽게 대답했다.

"응."

"얼마씩 내는 건데?"

아내의 목소리는 점점 기어들어가 내 귀에서 멀어져갔다.

"10만 원……."

아내는 한 달에 10만 원씩 수매선수금으로 돈을 내고 지급한 금액에서 물건 구입대금의 일부를 차감하고 있었다. 나는 이 돈이 용돈과 별개로 자동이체되고 있다는 사실을 알게 되었다. 그러면 아내의 용돈은 원래 약속한 금액보다 한 달에 10만 원이 더 지출되고 있는 것이었다. 아내의 목소리가 작아진 것이 이 사실과 전혀 무관한 것이 아니라는 것도 직감할 수 있었다. 그러나 한 달에 10만 원 더 지출한 것으로 아내를 탓하자니 내가 너무 속이 좁아 보였다. 사실 용돈의 인상 시기를 늦추면 아내의 기분을 상하지 않게 하면서 자연스럽게 해결될 일이기도 했다.

나는 아내에게 물었다.

"선수금 제도를 이용하면 뭐 좋은 게 있어?"

아내는 자신의 용돈과 별개로 돈이 따로 나가는 것을 들키지 않으려는 듯 조심스럽게 말했다.

"조합비보다 적립금이 많거든······."

수매선수금이 빠져 나갈 때 사용 금액의 2퍼센트가 적립되고, 인터넷 구입시 추가로 5퍼센트가 적립된다고 했다. 또 수매선수금으로 결제하는 경우 사용할 때마다 결제 금액과 잔액의 확인 문자를 받아 매우 편리하다고 덧붙였다. 계산을 하던 매장 직원이 우리의 대화를 듣고 아내를 거들었다.

"조합원 중에는 무턱대고 시켜서 재고가 많았는데 지금은 선수금에 맞게 쓰다 보니 알뜰하게 생활하게 되었다는 사람들도 있어요."

나는 수매선수금 제도의 취지를 더 알아보았다. 아이쿱생협의 수매선수금은 가격안정과 농산물의 안정적인 확보를 위해서 시작되었다. 기상 악화나 유가폭등으로 농산물 수급과 가격 불안정이 갈수록 심해지고 있어 영농철 자금이 필요한 농가는 빚을 져서 생산을 하고 나중에 빚을 갚아야 하는 악순환이 반복되고 있었다. 그렇다 보니 시장의 가격이 폭등할 때 생협의 생산자도 생협에 물품을 출하하지 않고 일반 시장에 출하하려는 유혹이 커질 수밖에 없었다. 아이쿱생협은 매년 농사 준비를 하면서 영농자금 마련에 어려움을 겪는 생산자에게 계약금을 미리 지급하여 생산자가 생산에 전념할 수 있도록 수매선수금 제도를 이용했다. 계약금은 조합원이 자치적으로 마련해준 수매선수금이었고, 이는 안정적인 계약 생산지의 확대와 물량 수급에 도움이 되었다. 생협과 생산자 간에는 계약을 할 때, 출하 예상 금액의 10퍼센트 정도를 계약금으로 지급하여 생산자가 생협에 공급하기로 한 물량을 책임 있게 생산하여 공급하는 협력 체제를 구축했다.

수매선수금은 매장에서도 이점이 있었다. 신용카드 결제가 90퍼센트 이상인 매장에서 수매선수금은 매장의 카드 가맹 수수료를 대체할 수 있었다. 카드매출이 1억 원이라면 신용카드사 평균 2.2퍼센트 수수료율을 석용했을 때 카드 수수료가 220만 원이나 나가게 되는데 수매선수금 제도는 현금을 사용하게 하여 이 카드 수수료를 절감할 수 있었다.

무엇보다 좋은 것은 생산자인 농가였다. 분명 농사는 햇빛, 공기, 물도 공짜라서 수지맞는 장사여야 하는데 실제로는 봄이면 농협 대출금 상환에다 농기계값, 품값, 애들 학비, 하우스 비닐 교체 등으로 돈 걱정이 가득하다. 그러나 이 경우 생산자인 농가들은 출하 약정을 하면서 수매선수금을 먼저 받아 힘든 고비를 넘길 수 있었다. 조합원이 낸 수매선수금은 초기 영농자금으로 쓰인다. 농민의 30퍼센트 정도가 신용불량자, 시골 땅의 90퍼센트 정도가 농협에 담보로 저당되어 있어서 더 이상 농협에서 대출받기도 어려운 현실이다. 농가 입장에서는 선수금을 내는 조합원이 참 고맙다고 했다. 생산자는 생산 후 기초 가격에 전량을 수매하기 때문에 농산물의 품질관리에만 집중하면 된다.

'소비자가 돈을 미리 내다니?'

농가들은 수매선수금 얘기를 들었을 때 믿기 힘들었다고 한다. 수매선수금이라는 용어도 어려웠지만 '친환경 매장이 수도 없이 많은데 어떤 소비자가 돈을 미리 낼까?' 하는 의구심이 든 것이다. 현재 상황을 보니 전체 조합원의 18퍼센트 정도가 참여하고 있었다. 수매선수금 제도는 현금관리의 기본인 먼저 받고 일한다는 원칙을 실행에 옮긴 사례이다.

먼저 소비자가 돈을 낸다는 것이 이해가 가지 않겠지만 본인에게 이득이 된다면 기꺼이 먼저 선수금을 내는 소비자가 생긴다. 생산자와 소비자가 모두 따뜻해지는 운동이라는 전제조건만 지킨다면 선수금을 받고 일하는 것이 가능하다. 선불이나 빠른 대금 지불을 하는 고객한테는 할인 혜택을 제시하거나 긴밀한 관계를 구축해두는 것이 좋다.

| 선수금 |

현금장사를 하게 만들어라

우리 고객 중에 보험회사 FC나 FP들이 꽤 있어서 나는 보험회사에 방문하는 일이 많다. 보험회사에 가보면 다른 회사와 다른 특이한 풍경이 있다. 벽에 붙어 있는, 수많은 막대그래프가 표시된 종이다. 이는 개인별 월별 실적표다. 처음에는 촌스럽다고 생각했는데 나중에 알고 보니 실적표를 벽에 붙여놓는 것과 그렇지 않은 것의 차이점은 영업실적에 그대로 나타난다고 한다. 보험회사 FC들이 영업을 잘하는 이유가 거기에 있었다.

우리 회사도 영업만 하는 영업사원을 뽑았던 적이 있었다. 하지만 얼마 있지 않아서 영업사원 직무 자체를 없애버렸다. 영업사원들은 오로지 영업에만 신경을 써서 모든 서비스를 다해주겠다고 하면서 거래를 텄다. 받는 수수료는 한정되어 있는데 이것저것 다해주겠다고 말하고 계약을 하니 나중에 일을 하는 컨선턴트들은 힘이 들 뿐 아니라 마진도 얼마 남지 않았다. 회계컨설팅 업무는 전문 회계지식을 계속 습득해야 가능한 일이기 때문에 영업만 전문으로 하는 직원에게 컨설팅 업무에 대한 책임을 반영하기는 참으로 어려웠다. 그래서 영업전문 직원을 포기하고 기존의 컨설턴트들에게 영업 수당을 지급하기 시작했다. 보험회사가 영업실적뿐 아니라 보험이 얼마나 유지되는가도 수당에 반영하는 이유 또한 이와 마찬가지 원리다.

나는 컨설턴트들이 고객에게 서비스를 잘하면 고객이 만족해서 다른 고객을 소개시켜줄 가능성이 높아지고 그것이 오히려 큰 영업 효과가 된다고 생각했다. 영업 수당이 지급되니 직원들에게는 서비스와 영업을 연결시킬 수 있는 동기부여도 된다. 그러나 문제가 있긴 있었다. 일단 서비스의 질을 계량화하는 것이 힘들고 일은 잘 못하는데 운 좋게 거래처가 들어오는 경우 특정 직원의 수당이 많아져버리는 것이었다. 그로 인해서 함께 일하는 다른 직원들 사이에 위화감이 조성되어 오히려 팀워크가 깨지기 시작했다. 나는 이런 시도의 과정에서 인센티브가 얼마나 직원들의 행동에 직접적인 영향을 미치는지 깨닫게 되었다. 그 전까지는 우리 회사도 담당자

별로 맡고 있는 거래처 수나 매출액을 기준으로 성과를 평가해왔기 때문에 직원들이 현금수입에 관심이 없었다. 대부분 회사도 이처럼 영업사원에게 달마다 매출 할당량을 부과하고 그 매출액에 따라서 실적을 평가한다.

스포츠에서는 선수들의 움직임을 바꾸기 위해 게임의 규칙에 손을 대는 경우가 많다. 만약 장사라면 현금매출을 올리기 위해서 어떻게 게임의 규칙을 바꿀 수 있을까?

태양법률사무소에서는 매출대금이 늦게 들어오면 그 기간만큼 이자를 계산해서 매출에서 차감해버린다. 현금이 늦게 들어와서 기회비용이 생겨버렸기 때문에 실적에서 빼야 한다는 논리다. 그래서인지 회계 전문가인 회계법인에서는 물건이나 서비스를 제공하면 반드시 매출로 잡아야 한다는 기업회계 기준을 무시하고 현금이 들어올 때 매출로 기록하는 현금 기준으로 성과를 평가하는 경향이 많았다.

만약 오너라면 지금 회사에 가장 중요한 것이 매출액인지 이익인지 현금인지 직원들에게 확실히 제시해야 한다. 매출을 중요하게 생각하고 직원에게 매출 할당량을 부과하여 매출목표를 얼마나 달성했는지에 따라 평가하면 다 같이 물불 가리지 않고 매출을 올리는 데 혈안이 된다. 그래서 매출을 올리기 위해 외상으로 판매하거나 할인 판매를 하기 시작한다.

　이익을 중요하게 생각한다면 매출실적과 이익실적을 함께 표시한 막대그래프를 벽에 붙이는 것도 좋은 방법이다. 현금에 중점을 둔다면 매출 숫자 옆에 현금 회수 금액을 표시한다. 우리 회사는 몸값의 3배 현금매출을 가장 중요하게 생각하므로 월별 인건비와 현금매출을 매일매일 교육자료에 표시해서 어느 정도 현금매출이 달성되었는지를 강조한다. 그리고 인건비의 3배에 해당하는 현금매출을 달성하면 바로 다음 주에 전 직원이 하루 휴가를 가고 만약 3배 현금매출을 조기에 달성하면 그때부터 월말까지 휴가를 떠난다. 사자도 배가 부르면 사냥을 안 하듯이 우리는 한 달 목표를 달성한 후에는 업무보다는 쉬는 쪽에 중점을 둔다. 결국 빨리 달성하면 빨리 휴가를 떠날 수 있다.

　매출채권을 회수하는 기간이 길어지면 그에 비례해서 비용이 발생한다. 장기간 돈을 받지 못하면 대손가능성은 계속해서 올라간다. 판매한 지 일주일이 지난 매출채권과 1년이 지난 매출채권 중 회수가능성이 어느 쪽이 높은지 생각해보라. 회수기간과 대손가능성은 완전히 비례한다. 우리 컨설턴트들은 회수기간이 길어진 고객들의 대금을 회수하기 위해서 더 많은 서비스를 제공해야 했다. 고객은 계속해서 돈을 주지 않기 위한 핑계를 대고 말끝마다 "너희가 그동안 해준 게 뭐가 있느냐?"라는 말을 되풀이했다. 이 때문에 우리는 계속해서 우리가 한 일을 다시 문서로 작성하고 알려주어야 했다. 대금을 회수하는 데 또 다른 시간이 들어가면서 추가비용이 발생했다. 대금 회수가 늦을수록 나의 마이너스 통장과 대출금은 늘어났고 은행에 이자비용을 지급해야만 했다. 이 이자비용은 원래 돈을 늦게 준 고객에게 청구해야만 하는 것이 마땅하지만 현실에서는 오히려 돈을 늦게 준 고객에게 대금을 깎아주어야 겨우 회수가 되는 상황이다.

현금경영의 가장 기본은 돈을 나중에 받지 말고 먼저 받아야 한다는 것이다.

어린이 책을 연구하는 어린이도서연구회라는 비영리단체는 회원들한테 회비를 걷는 것이 고민이었다. 금액이 월 15만 1000원 정도로 소액이어서 독촉하기가 더 어려웠다. 하지만 또 회원들이 몇 개월간 안 나오기라도 하면 미수금이 눈덩이처럼 늘어나 회수하기가 더 어려워졌다. 그래서 생각해낸 것이 CMS 방식이었다. 월마다 자동이체를 하는 방식인데 이렇게 하면 어린이도서연구회 입장에서는 매월 대금 회수하는 데 신경을 쓰지 않고도 현금수입이 보장될 수 있었다.

일반 자동이체의 경우 고객이 자동이체를 신청하는 것 자체를 귀찮아하고 나중에 잊어버리는 경우가 많아서 실제 시행이 잘 안 된다. 하지만 CMS는 동의서를 받아 돈을 받는 회사에서 자동이체를 신청하는 방식이라 쉽고 신속하게 처리할 수 있다. 무상급식이 시행되기 전에는 많은 학교에서 급식비를 CMS 방식을 통해 처리하고 있었다. 나도 큰 딸이 초등학교에 들어가자마자 급식비에 대한 CMS 신청서를 받았다. 학교 급식비를 현금으로 받다 보니 너무 많은 미수금이 쌓였기 때문에 아예 입학식 날 모든 학생으로부터 CMS 동의서를 받는 것이었다.

어린이도서연구회에서는 이 방식을 도입하면서 자연스럽게 지급기일을 앞당겼다. 그리고 고객을 설득하기 위해 이렇게 말했다.

"다른 분들도 모두 이 조건을 받아들였습니다."

사람들은 다른 사람을 따라 하는 경향이 있다. 다른 사람도 다 하는데 왜 당신만 안 하느냐는 뜻을 전달하면 상대의 마음을 흔들어놓을 수 있다.

우리 회사에서 매월 발행하는 청구서의 지급기한을 열흘 앞당겼더니, 대금 회수 기일이 한 달 앞당겨졌다. 대금 청구 자체도 열흘 앞당겨서 매월 20일에 발송했더니 다음 달 말에야 들어오던 돈이 해당 달 말에 들어왔다. 한 달간의 자금 여유가 생긴 것이다. 반발도 거의 없었다. 그동안 현금관리가 복잡하다고 생각하고 이에 관심도 없는 직원들 때문에 시도조차 해보지 않았던 일이었다.

회사의 경우, 대금 회수 기일을 한 달 앞당기고 지급시기는 한 달 늦추면 여러 모로 유리하다. 예컨대 이번 달에 구입한 물건대금이 있다면 납품업체에 이야기해서 지출시기를 월말로 미루고 한 달 단위로 사용하는 유류대를 다음 달 말로 늦춘다고 해보자. 1년에 한 번 내는 임차료도 회사의 결산이 끝나면 지급하겠다는 이유로 한 달 늦춰보자. 납품업자와 외주회사에 지급시기 협조를 요청하는 일은 돈을 받아야 하는 고객과 교섭하는 일보다 간단하다.

대금회수를 한 달 앞당기고 지급일을 한 달 늦추면 총 2달분의 운전자금이 남는다. 2달간의 운전자금은 엄청난 자금이다. 대금회수와 지급시기를 역전시키면 운전자금 부족 문제가 해소된다. 회수한 돈이 일단 회사 통장에 입금되고 난 후에 지출을 하는 것이 현금장사를 위한 회계다.

:: 장사의 1급 비밀 ::

선수금, 소비자와 판매자 모두에게 윈윈이 될 수 있다!

1. 먼저 돈을 받고 일을 시작해라

판매와 동시에 대금을 받을 수 있는 업종은 개인 소비자를 상대로 하는 소매점들이다. 이런 장사들은 현장에서 '현금장사'라고 불린다. 그래서 대기업들도 캐시카우(Cash Cow)를 만드는 현금장사를 하나씩은 가지고 싶어 한다. 현금장사는 돈이 즉시 들어오기 때문에 고객이 물건에 클레임을 붙이며 대금을 잘 지불하지 않는다거나 외상대금을 받기 전에 거래처가 도산해버리는 위험 부담이 없다. 즉 소비자를 상대로 하는 소매업은 자금압박을 받을 위험성이 적은 업종이다. 우리는 소매업 장사를 보며 어떻게 하면 그들처럼 매출대금을 곧바로 받을 수 있을지, 또 먼저 돈을 지급하는 것이 당연하도록 시스템을 만들지를 고민해야 한다. 일을 하고 나중에 돈을 받으면 외상이 생기게 되고 대손도 함께 발생한다. 반대로 대손 걱정을 없애기 위해 가장 좋은 방법은 돈을 받고 일을 하는 것이다. 소매점은 돈을 받고 물건을 내준다. 이 원리는 소매점뿐 아니라 다른 업종도 충분히 가능하다. 그런 시도조차 해보지 않았기 때문에 못하는 것이다.

2. 착수금 비율을 높여라

보통 장사에서는 미수금과 대손에 대한 걱정이 가장 크다. 특히 오래된 거래처인 경우에는 한두 달 돈을 지급하지 않는다고 대손처리를 해버리거나 대금 독촉을 강하게 하지 못하는 경우가 많다. 그러나 보니 미수금은 사업을 운영하는 데 핵심 관리사항이 된다. 따라서 일회성 거래처는 변호사처럼 선수금을 받고 일을 빨리 처리하여 현금관리에 주목하는 게 좋다. 이런 거래처에 선수금을 받지 않고 일을 하게 되면 일이 끝난 후 돈 받기가 정말 어려워질 수 있다. 막상 선수금을 시도하려고 하면 일도 시작하지 않았는데 돈부터 주는 고객이 있을지 걱정할지도 모른다. 그러나 시도해보면 의외로 많은 고객이 착수금을 주는 것에 동의한다. 이것이 업계의 관행이고 원칙이라는 것을 고객이 이해한다면 이를 거부하는 사람은 많지 않다. 고객으로 하여금 착수금을 지급하지 않으면 안 되는 상황을 만들어주어야 한다.

고객은 먼저 돈을 지급하는 것이 자신에게 이롭다면 충분히 먼저 지급한다. 돈을 먼저 받으려면 고객에게 어떤 이점을 줄 것인지를 생각해보자. 돈을 먼저 주는 고객과 나중에 주는 고객의 혜택은 달라야 한다. 이에 차별성을 두고 먼저 주는 고객에게 어떤 혜택을 줄지 고민해야 한다.

3. 현금수입 기준으로 일하게 만들어라

영국 국세청에서는 세금 체납자에게 보내는 독촉장에 한 문장을 추가했을 뿐인데 연체된 세금을 많이 걷을 수 있었다고 한다. 그 문장은 '영국인 90퍼센트가 세금을 냈습니다'였다. 사람의 행동은 상당 부분 주위 사람들의 영향을 받는다. 사람들은 무언가를 믿거나 어떻게 행동할지 결정할 때 주로 다른 사람들을 살펴보고 따라 하는 경향이 있다.

이와 같은 원리로 직원들에게도 외상대금 회수를 상시적으로 의식하게 해야 한다. 가령 회사의 실적을 평가할 때 현금매출 기준으로 바꾸어보라. 그래야 사장이나 직원 모두 현금매출을 높이기 위해 노력하게 된다.

3장

필요한 만큼만 구매해야
현금이 돈다

| 재고자산관리 |

메뉴 수를 줄이면
현금이 된다

점심을 먹으러 이모네 분식집이라는 식당에 갔다. 회사 근처에 있었지만 처음 가보는 곳이었다. 식당의 크기는 5평 남짓했고 전체적으로 허름했다. 자리에 앉아 메뉴판을 찾아보았으나 보이지 않았다. 고개를 들어보니 일부러 찾지 않아도 눈에 들어올 만큼 커다란 메뉴판이 눈에 들어왔다. 조그만 식당의 한 귀퉁이 전체를 메뉴판이 차지하고 있었다. 이모네 분식집은 메뉴가 100가지 정도 있었다. 어떤 메뉴를 주력으로 삼고 있는 식당인지 구분이 안 갈 정도였다. 보통 분식집에 있는 메뉴가 다 있었던 것은 물론이고 김치찌개부터 된장찌개를 비롯한 각종 찌개류도 수십 가지였다. 거기에 닭과 오리 등 조류를 이용한 요리와 돼지고기, 소고기가 주로 들어가는 육류요리, 수산물이 들어가는 해물탕 등 완전한 종합식당이었다. 정말 가정에서 엄마가 해줄 수 있다 싶은 요리는 다 있었다.

나는 궁금증이 일어 사장에게 물어보았다.

"그런데 왜 이렇게 많은 메뉴를 만드셨어요? 음식 종류가 많다 보면 요리해야 할 가짓수가 늘어나니 몸도 힘들고 정신없지 않나요?"

사장은 내 질문을 듣고 메뉴판을 보았다. 스스로도 새삼 메뉴의 종류가 이렇게 많았나 하고 놀라는 눈치였다. 그녀는 고개를 들며 내 질문이 의외라는 듯한 표정으로 이야기했다.

"손님들이 와서 왜 이런 메뉴는 없느냐고 물어보면 한 가지 메뉴를 추가하고…… 이런 식으로 여러 메뉴들이 추가됐죠. 그렇게 하다 보니 얼마 안 되어 이렇게 메뉴가 많아졌네요."

사장은 요리의 가짓수가 많다는 것을 알고는 있었지만, 이렇게까지 메뉴가 많아진 줄은 생각지도 못했던 것 같았다. 그러면서도 문어발 경영을 하는 회사가 다양한 제품을 만드는 것에 자부심을 느끼듯이 이모네 분식집 사장도 메뉴가 많다는 것을 자랑스럽게 생각했다. 근처에 비슷한 이름을 가진 프랜차이즈 이모 분식은 사람들이 줄을 서서 먹는데 거기에도 메뉴가 70가지 이상 된다는 말도 했다. 여러 가지 요리를 골라먹는 재미가 있고 분식집에서 파는 거의 모든 메뉴가 다 있기 때문에 손님이 끊이질 않는다고 말했다. 그래서 사장은 그 프랜차이즈 이름을 약간 변형해서 가게 이름을 만들고 손님들이 먹고 싶다는 메뉴를 모두 개발했다. 100가지도 넘는 메뉴들을 만드느라 얼마나 힘들었을지가 눈에 선했다. 그리고 지금은 어떤 메뉴 주문이 들어와도 10~20분 만에 만들어낼 수 있다는 자신감이 있다고 했다. 내가 보기에는 무엇보다 자신이 따라 하고자 했던 프랜차이즈 업체보다 더 많은 메뉴를 팔고 있다는 것에 뿌듯해하는 것 같았다.

아무리 그렇다 해도 메뉴가 많으니 다양하게 주문이 들어올 때 힘이 드는 게 사실이었다. 또 메뉴가 많으니 원재료도 다양하게 구입해놓아야 했고 이를 잘 보관해야 했다. 그래서 안 그래도 좁은 식당 면적의 절반을 차지하고 있는 것이 원재료를 보관하기 위한 냉장고였다. 손님의 수요를 예측할 수 없기 때문에 한 달 이상 냉장고에 보관하고 있는 원재료들이 넘쳐났다. 사장은 이에 대해 그렇게 심각하게 생각하지 않고 있었다. 어차피 주문이 들어오면 사용할 원재료이므로 밑져도 본전이라는 생각이었다. 장사가 안 되니 들어오는 돈은 없는데 현금을 주고 사온 제품이나 원재료의 재고가 냉장고에서 잠자고 있으니 현금순환에 어려움이 있을 수밖에 없었다. 사장은 손님이 적어서 현금이 없다고 생각하고 있었지만, 손님이 줄어든 만큼 재고도 함께 줄면 현금순환이 그렇게 어렵지는 않다.

가장 큰 문제는 들어오는 돈은 줄어들었는데 재고 구입을 위해 나가는 돈은 그대로였기 때문에 현금이 부족하게 된 것이었다.

좀 더 자세히 살펴보니 사장이 벤치마킹한 프랜차이즈 이모 분식과 이모네 분식집의 차이는 메뉴의 구성이었다. 손님이 줄 서서 먹는 프랜차이즈는 실제로 메뉴 개수가 70가지를 넘었지만 사실 큰 줄기만 보면 김밥과 면류 2가지 종류였다. 김밥 메뉴만 20가지가 넘었는데 참치김밥, 우엉김밥, 김치김밥, 소고기김밥, 멸치김밥, 치즈김밥 등 거의 동일한 메뉴였고 한 가지씩 재료만 바뀌었다. 또 면 종류만 보더라도 라면 종류가 20가지가 넘었다. 김치라면, 떡라면, 치즈라면, 새우라면, 짬뽕라면 등. 이 또한 라면이라는 메뉴에 재료만 하나씩 바뀌었다. 즉 골라먹는 재미를 위해서 재료만 하나씩 바꿔 메뉴를 다양하게 구성해놓은 것뿐이지 실제로 요리할 때 필요한 재료는 그다지 다양할 필요가 없었다. 그러나 사장이 운영하는 이모네 분식집의 메뉴는 100가지가 넘는데 전혀 다른 재료가 들어가니 이 100가지 요리를 준비하기 위한 재료가 어마어마하게 필요했다.

나는 저녁때 이모네 분식집을 다시 들렀다. 옆자리를 보니 손님 2명이 와서 5000원짜리 우동 2개를 시켜 먹고 있었는데 우동이 맛이 없었는지 다 먹지 않고 일어설 채비를 했다. 우동은 맛이 없기도 힘든데 재료가 오래되어서인지 반쯤 먹고 남기는 것이었다. 그러자 사장은 손님들에게 김밥 두 줄을 서비스로 주었다. 손님들은 감사해하며 김밥 두 줄을 다 먹고 우동에서 만족하지 못한 불만을 해소하는 듯했다. 손님들이 나가고 나는 사장에게 물어보았다.

"사장님, 만 원어치 우동을 파는데 3000원짜리 김밥을 서비스하면 남나요?"

우동 원재료 원가가 아무리 싸다고 해도 인건비와 기타 경비를 감안하면 마진이 얼마 남지 않는데 김밥 두 줄을 서비스로 주면 무엇이 남나 싶어서였다. 그러자 사장은 말했다.

"어차피 만들어놓은 김밥은 내일 팔지 못해요. 문 닫을 시간도 다 가오는데 오늘 김밥이 많이 남아서 버려야 하는 상황이거든요. 그러니 손님한테라도 줘서 서비스하는 것이 낫지요."

김밥을 서비스로 준 것은 서비스를 주기 위해라기보다는 남는 재고를 처리하기 위한 목적이었다. 손님들이 김밥을 먹으러 온 것이 아니기 때문에 본래 메뉴에서의 불만족을 느꼈다 하더라도 김밥 서비스로 인해 약간 만족도가 높아졌을 수 있다. 하지만 다시 이 식당을 찾아올 만큼 만족하지는 않았을 것 같았다. 오히려 다음에도 김밥을 안 주면 왜 서비스가 나빠졌느냐며 역효과만 날 수 있었다.

더 큰 문제는 돈이 김밥이라는 완성품 재고에 묶였다가 사라진 것이었다. 재고가 남는 것은 수요 예측이 잘못됐기 때문이다. 김밥을 50줄 만들어놓았는데 30줄밖에 팔지 못했다면 20줄이 남는다. 이 20줄을 버리거나 서비스로 주게 되면 20줄에 해당하는 원가만큼 손실이 발생한다. 처음부터 30줄만 만들어놓으면 좋았겠지만 손님이 얼마나 올지 모르는 상황에서 30줄만 딱 만들어놓는다는 것은 사실 불가능했다. 30줄만 만들어놓았다가 재고가 떨어지기라도 하면 다시 재료를 만들고 김밥을 말아야 하는데 바쁠 때는 이조차 거의 불가능했다. 그러니 사장은 장사를 시작하기 전에 좀 더 여유 있게 김밥을 만들어놓고 남으면 서비스로 주고 있는 것이었다. 그러나 이렇게 서비스로 나가는 김밥에 대한 현금손실은 감안하지 못하고 있었다.

얼마 후 이모네 분식집은 한두 달 동안 공사에 들어갔다. 공사가 끝나고 나니 분식집은 감자탕집으로 바뀌어 있었다. 메뉴를 많이 만들다 보니 힘도 들고 식자재 재고관리가 안 되니 자금회전이 잘 되지 않을 뿐 아니라 맛도 떨어져 손님이 없었다. 결국 문을 닫고 새로운 시도를 할 수밖에 없었던 것이다. 사장이 다시 할 수 있는 것이라고는 자영업밖에 없는데 알아보니 감자탕이 배우기도 쉽고 로열티도 거의 없어서 업종을 변경했다고 했다. 특히 매력이 있었던 것은 감자탕이라는 메뉴였다. 하나의 메뉴만으로 가게를 운영할 수 있으니 이모네 식당 분식집을 운영하면서 어려웠던 재고 문제를 해결할 수 있을 것으로 보였다. 감자탕에 필요한 원재료는 단순하고 조달도 쉬워서 주변에서 쉽게 구할 수 있었다. 감자탕을 만드는 데 필요한 뼈다귀는 동네 근처에서 이틀 정도 판매할 분량을 사오면 되었고 감자와 야채도 시장에서 쉽게 구할 수 있어 식자재 재고를 쌓아둘 일이 거의 없었다.

대신 감자탕은 다른 재료와 달리 준비 시간이 많이 걸렸다. 뼈다귀를 물에 담가 피를 빼고 몇 시간씩 끓여야 비로소 요리할 준비가 되었다. 그래서 점심 장사를 하려면 아침 일찍부터 재료를 준비하고 시간을 들여서 찜통을 끓여야 했다.

그러니 전과는 또 다른 재고 문제가 발생했다. 이모네 분식집은 너무 많은 메뉴로 인해 식자재를 구입해서 보관하는 데 돈이 묶여 현금 유동성에 문제가 발생했는데 감자탕은 식자재보다는 완성품 재고에 문제가 발생했다. 감자탕은 미리 만들어놓지 않으면 판매가 힘들기 때문에 오늘 판매량을 예측해서 어느 정도 준비를 끝내야 하는데 만약 예상보다 판매량이 떨어지면 남는 감자탕은 버려야 했다. 또 예상보다 판매량이 높으면 감자탕을 따로 준비해야 했는데 여기에는 시간과 추가비용이 발생했다. 준비하는 데 몇 시간이 걸리기 때문에 갑작스럽게 들어온 주문에는 대응하기가 어려웠고 또 가스비를 비롯한 추가비용이 들었다. 한꺼번에 60인분을 끓이나 30인분을 끓이나 가스비용은 거의 비슷하게 들어가는 상황이라 60인분을 끓이면 손님이 줄었을 때 재고가 남을 게 걱정이고, 재고가 남을 것을 걱정하여 30인분을 끓이면 손님이 늘었을 때 다시 추가로 끓여야 하니 가스비용이 걱정이었다. 추가로 끓이면 맛이 약간 달라지고 가스비용과 시간이 추가로 들어가서 번거로웠다. 그러나 이래저래 따져보면 남는 재고를 버리는 것보다는 추가로 끓이는 쪽이 비용이 적게 들기 때문에 하루에 2번 정도 감자탕을 준비했고 다행히 큰돈은 벌지 못해도 현금이 부족해서 어려운 상황은 닥치지 않았다.

대기업에서는 설계와 기획 단계부터 부품의 수를 줄여 부품의 공통화 및 간결화를 도모한다. 즉 이를 장사에 적용해서 말한다면 메뉴 수를 줄이거나 공통 재료를 사용하는 메뉴로 구성하는 것이다. 메뉴 수가 늘어날수록 준비해야 할 원재료가 많아지고 돈이 재고자산에 묶이게 된다. 반대로 메뉴 수를 줄이면 원재료 회전율이 높아지고 재고자산을 많이 보유하지 않아도 되기 때문에 현금관리가 용이해진다. 재고자산 회전율이 높을수록, 즉 재고자산이 창고에 머무르는 일수가 낮을수록 현금 흐름은 향상된다.

| 재고자산관리 |

대량구매의 혜택이 무엇인가?

얼마 전 멀리 사는 친척이 찾아와서 방충망 사업 대리점을 계약했다며 사업 준비에 대한 조언을 구했다. 보통 건물이나 아파트에 설치하는 방충망이 약해서 고층 아파트에서 종종 아이의 추락 사고가 발생하는데 이 회사의 제품은 튼튼해서 사고의 위험이 전혀 없다는 것이다. 방충망이 워낙 튼튼해서 어른이 밀어도 떨어지지 않고 칼처럼 날카로운 도구로 잘라도 끄떡없다고 했다. 방충망에는 번호 열쇠까지 달려 있어서 아이들이 쉽게 열지 못하도록 되어 있었다. 가격이 일반 방충망보다 비싸기는 하지만 제품 자체만 놓고 보면 가격 대비 훌륭한 제품임에는 틀림이 없어 보였다.

특히 본사 부사장이 사돈이라서 사기 당할 위험도 없고 아무 때나 계약할 수도 없는 건인데 사전 정보를 얻어서 광고도 내기 전에 빨리 계약을 했다고 했다. 전라북도 지방에서는 통틀어 한곳만 대리점을 내주기 때문에 그쪽에 계약하기로 하고 계약금까지 낸 상태였다. 친척은 회사와 제품에 대한 설명을 자세히 들려주었다. 앞으로 돈방석에 앉을 확신이 가득했다. 또 친척은 군대에 간 아들에게 훗날 뭔가를 하나 물려주고 싶은 마음이 강했다. 군 입대 전까지 15년간 입었던 아들의 태권도복은 아이의 인생 전부였다. 아주 어릴 때부터 학창시절까지 아들은 태권도밖에 몰랐다. 당연히 대학교 전공도 태권도학과를 선택했다. 하지만 태권도만으로 미래를 구상하기에는 세상이 그리 녹록하지 않았다. 그래서 아들은 태권도를 하면서 놓았던 펜을 다시 잡고 대학 편입을 준비하고 있었는데 별안간 청천벽력과 같은 입영통지서가 날아왔다. 아들은 편입과 군대를 놓고 고민하다가 군대를 선택했다. 그랬던 아들이 곧 제대를 앞두고 있었다. 아들에게 큰 재산을 물려주지는 못하더라도 먹고살 수 있는 무언가는 마련해줘야 하지 않을까 하는 걱정이 친척의 머릿속에서 떠나질 않고 있었다.

나는 친척분의 상황에 공감을 하면서도 장사라는 것은 냉정하게 생각해야 하기 때문에 조금은 야박하게 여쭤보았다.

"혹시 그 제품을 팔면 수입은 얼마가 되나요?"

친척은 내 질문에 약간 당황해하며 대답했다.

"그건 잘 모르겠는데, 본사에서는 한 달에 900만 원 이상은 이익이 보장되는 걸로 다 계획을 세워놓았습니다."

내가 묻고자 한 것은 그 900만 원이 산출된 근거였는데 친척은 그 내용까지는 모르고 계셨다. 나는 친척에게 체크해야 할 사항들을 몇 가지 묻기도 하고 일러주기도 했는데 아무래도 친척 사이라 그런지 내 말에 그다지 신중을 기하지 않으시는 것 같았다. 아무리 좋은 말이라도 가족들 입에서 나오면 컨설팅이라기보다는 걱정해주는 마음 정도로 여겨버리는 게 사실이다. 안 좋은 말이라면 더욱더 듣기 싫어하는 건 당연지사다. 그분도 그런 마음을 갖고 계신 듯했다.

대리점을 막 모집하는 단계라서 기존에 영업하고 있는 대리점도 없었다. 그러니 친척은 자세한 사항에 대해 분석을 해볼 생각도 안 하고 있었다. 나는 친척 대신 수입비용 구조를 따져보기 시작했다. 방충망 한 개당 가격은 20만 원 정도였는데 본사에서 광고를 모두 하고 배송도 한다. 이때 택배비는 대리점에서 부담하는 조건이고 공장에서 주문상품을 배송할 때마다 택배를 이용할 경우 택배비가 1만 원 이상이 든다. 만약 택배비를 절감하려면 물건을 대량으로 배송 받아 보관해놓아야 하는데 이 경우에는 창고가 있어야 하니 창고비용이 늘어났다. 파손이나 분실 등의 재고관리 비용도 함께 감안해야 했다.

내가 본 사업의 흐름은 이러했다. 방충망을 설치하려면 사람이 필요했는데 이것을 대리점이 담당했고 본사는 설치 용역비를 지급했다. 친척은 이 설치 용역비로 얼마를 받는지조차 몰랐고 또 사돈지간이니 더욱 물어보기가 어려웠다. 사실 장사하는 사람들 대부분은 돈이 얼마 들어오고 나가는지를 따지지 않고, 제품이 좋은지에만 관심을 갖는다.

또 전라북도에는 전주 한곳에만 대리점을 내준다는 그 말은 전라북도에서 전체에서 들어오는 주문은 모두 전주 대리점에 맡긴다는 뜻이다. 그러면 주문이 운 좋게 전주 시내일 수도 있지만 정읍이나 남원일 수도 있고 더 멀 수도 있다. 단 한 개를 설치하더라도 대리점에서 가야 하는데 평균적으로 이동하는 데 왕복 2시간은 걸릴 것이고, 설치하고 그에 대한 설명을 하는 데에는 최소 1시간이 걸린다 치면 총 3시간 정도는 걸린다. 평균 직장인들의 시간당 평균 급여가 2만 원이라고 봤을 때 이 정도 돈을 장사로 벌려면(사실 더 벌어야 하지만) 3시간 동안 6만 원은 벌어야 한다. 또 평균 왕복 2시간이면 기름값이 2만 원 정도는 나올 것이므로 주문 한 건만 계산하면 건당 8만 원은 벌어야 한다. 그런데 본사에서 파는 제품가격이 20만 원이고 대리점에 지급하는 수수료는 30~40퍼센트 정도라고 가정하면 개당 6만 원이 채 안 되는 상황이다. 결국 기회비용과 변동비를 따져보았을 때 한 개씩 설치하면 손해가 발생하고 대규모로 주문이 들어와야 시간과 변동비를 절약해서 마진을 올릴 수 있었다. 여기에 차량 감가상각비나 창고 임차료 등을 감안하면 몇 개나 설치해야 이익이 생길지 대충 계산이 섰다. 그러나 본사도 직접 직원을 쓰는 것보다 대리점을 두는 쪽이 비용이 절감되는 구조로 계획을 세웠을 것이므로 구조적으로 프랜차이즈 사업은 인건비 이상 돈을 벌기가 어려웠다. 그러면 이 사업모델은 개당 설치 시간을 얼마나 단축시키느냐에 핵심이 달려 있다. 즉 가맹점 입장에서는 방충망 판매가 아니라 유통이 업의 본질인 것이었다. 친척은 얼마 후 사업을 시작했고 두 달여 기간을 본사에 가서 기존에 방충망 설치 사업을 하던 사람들을 따라 다니며 교육을 받았다. 신속하고 정확하게 방충망을 설치해야 한정된 시간에 더 많은 설치를 해줄 수 있고 그것은 이 사업의 수익과 직접 연결되기 때문이었다.

 다행히 친척은 성실하여 큰돈은 아니지만 꾸준히 매출을 올렸다. 그래서 보통 직장인 월급 정도는 벌었다. 장사를 해서 직장인 월급 정도를 받는다는 것은 사실 그렇게 반가운 일은 아니다. 직장인에 비해 훨씬 더 많은 위험을 감수해야 하고 퇴직금도 없고 또 정기적으로 투자를 해주어야 하기 때문에 직장인의 몇 배는 벌어야 생활 수준이 비슷해진다.

그래서 그 친척은 조금 욕심을 부렸다. 주문이 들어오는 것을 보니 한 달에 2000만 원어치는 설치를 하는데 주문이 들어오고 나서 본사에 그것을 요청하면 시간이 보름 이상은 걸렸다. 그러다 보니 물건이 떨어지거나 주문하여 도착시간까지 시간이 길어지면 고객들이 기다리지 못하고 주문을 취소하거나 다른 방충망 회사에서 주문해버리곤 했다. 또 한 달 분량인 2000만 원어치를 구입하는 것보다 6000만 원 정도 대량구매를 하는 경우 본사에서 단가를 10퍼센트 할인해주는 정책이 있었다. 그래서 창고를 빌려서 3달 분량 정도인 6000만 원어치의 방충망을 구입해놓기로 했다. 자금이 부족하여 지인들에게 돈을 빌려서 물건을 구입했다. 그러나 여름에는 방충망 사업이 성수기지만 가을이 되면서 비수기로 빠져들었다. 또 건설경기가 안 좋아지면서 아파트 건설물량이 많이 줄어버렸고 아파트 신축할 때 판매해야 하는 방충망 수요가 생각보다 급격히 줄어버렸다. 방충망을 판매 설치해서 방충망 구입을 위해 필요한 돈을 지급해야 하는데 방충망 판매가 절반 수준으로 떨어지니 방충망 구입을 위해 필요한 돈이 돌지 않았다. 지인들에게 빌려서 본사에는 돈을 지급했지만 지인들에게 갚을 돈이 부족해진 것이었다. 사업을 시작하고 처음 맞는 비수기를 어떻게 보내야 할지 난감한 상황에서 지인들에게 약속한 날짜는 다가오고 점점 어떻게 돈을 갚아야 할지 갑갑해졌다. 계속해서 지인들에게 약속 날짜를 연기

해달라고 아쉬운 부탁을 할 수밖에 없었다. 물론 지인들이라서 약속 날짜를 늦춰주었지만, 한 번 늦춘 약속도 어길 수밖에 없게 되고 이것이 두세 번 반복되다 보니까 지인들도 돈 문제에 대해서는 이야기하기를 꺼려하는 것 같았다. 사업은 신용이라고 하는데 벌써 가장 가까운 사람들에게 돈 약속을 지키지 못하는 상황에 처하자 그는 앞으로 어떻게 사업을 해야 할지 답답해졌다. 친척은 문제의 출발로 돌아가서 왜 이런 문제가 발생했는지 돌이켜보았다. 생각해 보니 욕심이 컸고 그렇다 보니 방충망을 너무 많이 사다놓아 자금 부족에 처하게 되었다는 걸 알게 되었다. 자신이 가장 애착을 갖고 돈줄이라고 생각했던 방충망이 결국에는 자신의 목을 죄는 결과가 되고 말았다. 재고에 돈이 묶인 것이 근본 원인이었다.

  친척은 그 뒤로 욕심을 버리고 적정 재고만을 놓아둔 채 약간 비싸더라도 필요할 때 주문해서 설치하는 시스템을 유지하기로 했다. 설치 주문이 들어오면 그때 본사에 발주를 내서 방충망을 조달했다.

  재고자산이 늘어나는 이유 중 하나는 대량구매이며, 대량구매를 하는 이유는 단가절감과 판매량에 대한 욕심 때문이다. 그러나 대량구매는 재고자산의 위험이 늘어난다. 재고자산을 보관해야 할 창고가 필요하고, 또 물건을 다 팔지 못하게 되면 재고가 쌓이고, 나중에는 싸게 팔아야 하는 경우가 생기기도 한다. 주문생산시스템은 대량구매에 따른 단가의 이점을 살리지 못하는 단점이 있었지만, 대신 현금으로만 구입하여 할인 효과를 보았고 오히려 대량구매보다 더 싸게 구입하는 결과를 가져왔다. 재고보관을 위한 창고가 필요 없어져서 재고관리비용이 줄어들었고 주문이 들어오면 그때 자재를 주문하기 때문에 현금 유동성에서 몸을 가볍게 움직일 수 있었다.

| 재고자산관리 |

필요한 만큼만 구매해서 써라

　우리 회사 근처에 있는 편의점 유리문에는 몇 개월 동안 가맹점주 모집이라는 안내문이 붙어 있었다. 나는 편의점 장사가 잘 안 되어서 매물로 나왔거니 생각했다. 그런데 우연히 다른 지역에 있는 편의점 점주에게 들어보니 그 지점은 본사에서 직영을 하는 지점이라 가맹점 모집을 한다는 걸 듣게 되었다. 보통 본사에서는 지역적으로 대표성이 있는 곳이나 또는 장사가 잘 안 되는 곳을 직영했다. 특히 장사가 잘 안 되는 곳은 가맹점주를 모집하기 어려우니 본사에서 손해를 보면서라도 직접 운영을 했다. 그런데 얼마 지나지 않아 가맹점주 모집 안내문이 사라졌다. 가맹점주 모집을 포기한 것일까 하고 궁금했는데 나중에 우연한 계기로 가맹점주를 새로 모집했다는 것을 알게 되었다.

어느 날 캐나다인 친구와 함께 이 편의점을 방문했을 때였다. 알고 보니 캐나다인 친구와 새 가맹점주 사이에는 친분이 있었다. 새로 가맹점주가 된 김경수 사장은 유창한 영어로 캐나다 친구와 이야기를 주고받았다. 그 김에 나도 안면을 터 김경수 사장과 친분이 생기게 되었다.

김경수 사장은 무역회사에 근무하다가 캐나다로 발령이 나서 그곳에서 3년 정도 일한 적이 있다고 했다. 그가 영어를 유창하게 하는 것도 그 때문이었다. 그는 금융위기 때 회사에서 나와 한국에 돌아왔고, 한국에서 무역회사를 잠깐 운영하다가 그만두고 편의점을 운영하게 되었다고 했다.

보통의 점주들은 편의점을 운영하다 보면 상당한 고충을 토로하며 얼른 계약기간이 끝나 그만두었으면들 하는데 그 가맹점주는 투자 대비 안정성을 생각하면 수입이 적절한 편이라고 했다.

가맹점에서는 본사로부터 물건을 외상으로 받고 현금으로 판매한 뒤 한 달 후에 판매가액에서 물건 원가를 차감한 영업이익을 계산한다. 그리고 이 영업이익을 본사와 가맹점이 나눠 갖는데 보통 5:5에서 2:8 정도의 비율로 나눈다. 영업이익을 분배하는 비율은 임차료나 인테리어비용 등 투자비를 본사에서 보전했는가의 여부에 따라 달라진다. 즉 본사가 가게 임차료를 보전하거나 또는 투자비를 보전했다면 본사의 돈이 많이 들어가기 때문에 영업이익에서 가져가는 비율이 높아지고 가맹점주가 자신의 건물에서 편의점을 운영하는 식으로 투자비의 큰 부분을 부담했다면 가맹점이 가져가는 비중이 높아진다.

  2014년 말, 현재 편의점 전체 시장 규모는 14조 원 정도이고 점포 수는 2만 6000개를 넘어섰다. 가맹점주와 본사의 수익배분은 해당 점포의 총 매출을 기준으로 65:35가 가장 기본이었다. 보통 점포당 매출을 평균 3000만 원 정도라고 하면 가맹점주의 수익은 300~400만 원 정도다. 가맹점주는 이 300만 원의 수익에서 가게 임차비용과 인건비 등을 제하게 된다.

  김경수 사장의 지점은 매출이 월 3000만 원이고 마진율이 25퍼센트 정도여서 영업이익은 월 750만 원이었다. 본사와 점주 간에 5:5로 계약을 해서 이 영업이익 중 점주에게 배분되는 영업이익은 375만 원이었다. 점주 분배율이 낮은 이유는 월세와 투자금의 상당부분을 본사에서 부담하는 조건이기 때문이다. 이 중에 급여가 170만 원 정도 지출되어 급여를 제외하고 나면 영업이익은 200만 원 정도였다. 편의점이기 때문에 모든 매출은 현금거래였고 인건비를 어음으로 할 수 없는 부분이니 한 달에 한 번씩 정산해 현금으로 지급했다.

편의점은 본사에서 정해놓은 매뉴얼대로 움직이기만 하면 크게 어려움은 없었다. 어떤 물건을 언제 구입해야 하는지에 대해서도 고민거리가 아니다. 언제든지 필요한 물건은 본사에서 외상으로 배송해주기 때문에 편의점주는 전산거래를 이용해 매일 부족한 재고를 발주하기만 하면 되었다. 나이가 좀 있는 편이었던 김 사장은 컴퓨터를 보고 발주하는 것이 귀찮아서 적정 재고를 설정해두면 부족분만큼이 자동발주되는 시스템을 이용한다고 했다. 너무 많이 발주해도 보관할 창고가 마땅치 않아 적정 재고를 설정해두는 자동발수시스템이 자신에게 딱 맞다고 했다.

점주는 본사에서 물건을 외상으로 받고 현금으로 판매한 뒤 판매 수수료만큼만 남기고 나머지는 본사에 송금하는 흐름이므로 현금이 마이너스가 되어서 망할 이유는 없었다. 아무리 현금장사라고 해도 매출이 너무 적으면 현금 흐름이 적어서 임차료도 내지 못하는 경우가 생길 수 있지만 이런 때에는 본사에서 지원금으로 충당해주었다. 즉 매출이 적은 경우 본사에서는 지원금을 지급해서 매출을 채워주고 매출이 많아지면 보조금을 줄이는 방식으로 어느 정도 수익을 보장해주고 있었다.

편의점에서 가장 중요한 것은 인건비였다. 편의점은 대부분 24시간 영업을 해야 하므로 직원도 24시간 교대 체제로 움직여야 한다. 관광지, 학원가 등처럼 야간 판매가 거의 없는 곳은 계약할 때부터 야간에 문을 닫도록 계약하는 경우도 있지만 이것은 아주 예외적이다. 그러면 하루 8시간 근무한다고 보았을 때 3명의 직원이 필요하다. 또 주말에는 쉬어야 하기 때문에 주말 아르바이트 직원은 별도로 구해야 한다. 따라서 주중에 3명, 주말에 3명, 총 6명의 알바생이 필요하고 알바생을 구하지 못하거나 일이 생기면 사장이 직접 나와서 업무를 해야 한다. 편의점의 현금 흐름 핵심은 여기에 있다. 물건을 사와서 판매하는 것까지는 모두 현금 거래고 정도 차이는 있지만 어느 정도 현금영업이익이 보장되는데 이 영업이익만으로 지급할 인건비를 충당할 수 있어야 한다. 가족들이 많아서 언제든지 편의점 운영에 투입될 수 있다면 알바생을 적게 쓰고 현금 마진을 많이 남길 수 있다. 물론 가족들의 시간을 투자한 인건비다. 그러나 알바생을 이용해야 한다면 최소한 알바생의 인건비 이상은 현금마진이 있어야 운영이 될 수 있다.

본사에서 인건비 이상으로 매출이 나오도록 보조금을 맞추기 때문에 사실 힘이 들어도 현금운영만 본다면 유지할 정도는 된다. 그러나 편의점 같은 프랜차이즈는 거의 24시간 정신적인 노동을 해야 하는데 한 달에 200만 원이 채 안 되는 현금수입에 만족해야 하므로 시간투자에 비해 수입이 너무 적다. 이 때문에 계약기간이 끝나면 가맹점을 포기하고 그만두는 사장들이 종종 있다. 보통 3~5년 계약을 하고 계약기간 내 해지를 할 경우에는 잔여 계약기간과 판매 기대손실 등을 반영하여 위약금을 산정하는데 이 금액이 수천만 원에 달해서 사장들에게는 울며 겨자 먹기로 계약기간을 채워야 하는 족쇄가 되곤 했다.

그러나 김경수 사장은 투자비와 안정성을 감안하면 수입이 적절하다고 했다. 아무런 투자비도 없이 창업을 하고 채권과 재고관리를 모두 본사에서 해주니까 이 정도 현금수입이면 투자 대비 안정성 면에서 불만이 없다고 했다. 현금수입이 너무 적다고 생각하면 가맹점을 여러 개 더 내면 되는데 그러면 직원관리에 더 신경을 써야 하니 그게 싫어서 2~3개 정도만 할 계획이라고 했다. 그러면 한 달 현금 순이익이 500~600만 원 정도 되니 불만이 없다고 했다.

프랜차이즈 창업은 본사와의 관계에서 문제가 생길 수 있다는 단점이 있기는 하지만 본사만 잘 선택한다면 장사에서 가장 고민거리인 재고 문제를 해결할 수 있다. 재고를 본사에서 관리해주기 때문에 장사의 큰 고민거리가 없어지는 것이다. 프랜차이즈 본사와 같이 언제든 물건을 공급해줄 수 있는 납품처를 잘 관리하는 것이 재고관리의 핵심이다. 장사를 할 때 재고를 자산으로 생각하는 경우가 많지만 현금장사에서 재고는 마이너스로 취급된다. 재고를 갖고 있다는 것은 현금을 사용해서 매입한 것으로, 매입한 재고자산의 금액만큼 현금이 줄었다는 의미가 되기 때문이다. 재고를 팔면 돈이 들어오겠지만, 반대로 팔지 못하면 재고는 손실이 발생하는 원인이 된다. 현금장사에서 재고 삭감을 외치는 이유도 바로 그 때문이다. 필요한 만큼만 구매해서 쓰도록 주변 창고를 정리하고 보관할 장소를 최소화하거나 없애야 한다. 판매기회를 약간 놓치더라도 오히려 조금 모자라게 구매를 하는 것이 현금이 도는 장사의 비결이다.

:: 장사의 1급 비밀 ::

재고는 재산일까? 아니면 웬수일까?

1. 재고자산의 단점도 봐야 한다

재고자산이 늘어나는 이유는 '팔리지 않아서'이기도 하지만 그 속을 들여다보면 '싸게 대량으로 구매해서 많이 팔려는 욕심이 과해서'가 가장 큰 이유이다. 재고는 현금관리 측면에서 본다면 죄악에 가깝다. 현금이 재고에 묶이고, 또 재고가 많으면 팔지 못해서 버리는 것이 늘어난다. 현금을 만들기 위해서는 재고를 최소화해야 하고, 재고를 최소화하기 위해서는 하나가 팔리면 하나를 만드는 시스템으로 정착시켜야 한다. 단가를 낮추려고 대량으로 구매하거나 재고가 없어서 팔지 못하는 경우를 걱정하기보다는 재고가 많아서 재고관리 비용이 들어가고 현금이 재고에 묶이는 것을 더 걱정해야 한다.

2. 식당이라면 취급하는 메뉴 수를 줄여라

요식업계에서 재고자산을 줄일 수 있는 최고의 방법은 취급하는 제품의 메뉴 수를 줄이고 공통으로 쓸 수 있는 재료를 중심으로 메뉴를 구성해서 재료회전율을 높이는 것이다. 재고는 시간이 지나면 가치와 비례하여 가격이 떨어진다.

3. 재고 보관을 위한 창고를 없애라

재고자산을 보관할 창고를 많이 만들지 마라. 역설적으로 창고가 많을수록 재고는 늘어난다. 직원들은 재고를 보관할 창고가 부족하다고 하소연할지도 모른다. 그러나 오히려 창고면적을 줄이고 재고를 보관할 장소를 없애면 재고를 없애기 위해서 직원들이 노력하게 된다. 넓은 창고를 가지고 있으면서 재고자산을 줄인다는 것은 많은 음식을 사다놓고 다이어트를 실천하는 것만큼이나 어려운 일이다.

| 적시생산시스템 |

가게를 크게 만드는 목적은 무엇인가?

'제주' 하면 떠오르는 음식이 무엇일까? 제주를 찾은 육지 손님들은 어김없이 제주의 '맛집'을 찾아다닌다. 어떤 음식을 먹고 싶은지를 물어보면 대부분 신선한 회, 흑돼지, 말고기 등을 답한다. 흑돼지나 말고기는 가격도 저렴하고 다른 곳에서 먹기 힘든 음식이라 그런지 상대적으로 만족도가 높다. 다른 지방에도 흑돼지가 있기는 하지만 가짜가 많아서 제주 흑돼지와 맛이 다른 경우가 많다. 제주 흑돼지 공급량은 제주 내에만 납품하기에도 힘에 부칠 정도라고 한다. 그러니 흑돼지 간판을 걸고 있는 다른 지역 식당들은 실제로 흑돼지를 어디에서 납품받아 사용하는지 의문이 들 수밖에 없다.

상대적으로 제주도에 흑돼지 간판을 걸고 장사하는 식당들은 진짜일 가능성이 많다. 제주 사람들은 흑돼지 맛만 봐도 진짜인지 가짜인지 딱 알기 때문에 속이기가 어렵고 좁은 지역이라 흑돼지가 아닌데 흑돼지 전문점이라고 했다가는 금방 소문이 나서 가게 문을 닫아야 할지도 모를 일이었다.

　흑돼지나 말고기도 좋지만 제주에 온 사람들의 만족도가 가장 높은 음식 중 하나가 고기국수다. 가격도 6000~7000원밖에 안 하는 데다 다른 지방에서 먹어볼 수 없는 국수이고 맛도 좋아서 만족도가 무척 높다.

　고기국수는 경조사나 마을 대소사를 치를 때 돼지를 잡아서 대접한 제주의 문화에서 유래했다. 우리나라에는 예로부터 경조사, 축제나 잔치 때 국수를 대접하는 문화가 있는데 제주도의 고기국수가 바로 그때부터 유래된 음식이다. 제주도에서는 과거의 경조사 문화가 지금도 많이 남아 있다. 결혼식만 보더라도 시골에서는 아직도 3일 동안 마을잔치를 벌이기도 한다. 잔치를 여는 날에는 돼지고기를 잡아 손님들에게 대접하는 문화가 있어 지금도 3일 잔치의 출발은 흑돼지를 잡는 것부터 시작한다. 이때 살은 수육으로 만들어 제공하고, 내장과 피는 순대를 만드는 데 사용한다. 그리고 남은 돼지 뼈 등을 진하게 고아 그 국물에 국수를 말아 손님에게 대접한다.

제주에는 고기국수가 유명하여 국수거리를 지정하고 매월 11일에 할인 행사를 벌인다. 국수거리에서 유달리 손님이 많은 식당이 있는데 그곳은 이미 블로그에서 유명한 자매국수집이다. 24시간 동안 영업을 하는데 심야 시간을 제외하고 해가 떠 있는 시간에는 항상 손님이 줄을 선다. 국수거리에 있는 다른 식당들은 텅텅 비어 있어도 자매국수만은 손님들이 항상 가득하다. 도대체 자매국수의 비법은 무엇일까? 자매국수의 음식이 맛있긴 하지만 안에 식당이 너무 좁아서 어쩔 수 없이 줄을 서게 되는 것도 이유 중 하나다. 불과 테이블이 7개밖에 없어서 손님들이 20명 남짓밖에 앉지 못한다. 손님이 항상 많기 때문에 사람들은 카운터에서 대기표를 받고 자기 순서를 기다린다. 차례가 되면 식당 이모가 밖으로 나와서 대기 번호를 부른다. 식당 안으로 들어가면 5분 내에 국수가 나오기 때문에 30분 이내에 식사를 마칠 수 있다. 30분에 20명씩 식사를 한다고 했을 때 1시간이면 40명, 24시간 운영하므로 대략 매일 1000명 가까이 식사를 할 수 있다. 객 단가가 7000원 정도이므로 하루 700만 원 정도의 매출을 올린다. 24시간 내내 줄을 서는 것은 아니지만 그래도 대략 매일 500명 정도의 손님이 식당을 찾는 것 같았다.

자매국수 옆에도 제주의 3대 국수집으로 불리는 국수집이 있다. 바로 국수마당이다. 이곳이 자매국수보다 손님이 더 많지만 식당이 넓어서 손님들이 매번 줄을 서지는 않는다. 한꺼번에 들어갈 수 있는 손님 수가 60명 정도는 되는 규모다. 처음부터 국수마당을 찾는 손님도 있지만 자매국수집에 왔다가 줄이 늘어선 것을 보고 국수마당으로 가는 손님도 있다. 1시간 이상이라도 기꺼이 기다려서 맛있는 국수를 먹겠다는 사람도 있지만 국수 한 그릇 먹는 데 그렇게까지 시간을 허비하고 싶지는 않다는 손님들은 국수마당으로 발걸음을 옮긴다.

자매국수에 딱 붙어 있는 또 다른 국수집은 손님이 거의 없다. 그 식당을 빌리거나 매입해서 장사를 하면 좋을 것도 같아서 왜 확장을 안 하느냐고 물은 적도 있는데 사장은 그냥 돈이 없다며 웃고 말았다.

손님들이 줄을 서게 만드는 것은 가시적인 효과도 있지만 현금관리 면에서도 유리하다. 그래서 식당을 넓게 확장하는 것보다 좁게 하는 것이 좋다. 자매국수와 국수마당 모두 똑같이 하루에 1000명의 손님을 받는다고 생각해보자.

자매국수는 한 번에 받을 수 있는 손님이 20명 정도밖에 안 되지만 국수마당은 60명 정도이니 3배나 큰 규모다. 그러니 국수마당은 테이블 수나 가게 면적이 3배는 넓고 손님들에게 서비스를 해줄 종업원의 수도 3배는 많아야 한다. 똑같은 인원을 받는데 자매국수는 대기표를 나눠줘서 손님을 기다리게 만들지만 국수마당은 기다리지 않게 건물을 확장했으니 투자비가 많이 들어간 것은 당연했다. 또 자매국수는 테이블 수가 적으니 국수를 소량으로 만든다. 한 번에 한 테이블에 나갈 음식만 만든다. 육수는 식당 밖에 있는 창고에서 하루 종일 끓이고 있는데 딱 2시간 정도 쓸 육수만 끓인다. 어차피 기다리면서 계속 일정한 손님이 오기 때문에 육수를 끓이는 것도 표준화시킬 수 있다. 육수를 끓이면서 돼지고기 수육을 함께 만들기 때문에 손님이 올 때마다 해야 할 일은 면을 삶는 것뿐이다. 그래서 면이 불어터질 일도 없다. 종업원들은 자신이 맡은 업무만 딱 분리해서 하는데 주문을 받고 대기표 끊고 돈을 받는 사람, 설거지하는 사람, 국수 삶은 사람, 육수에 면을 넣고 야채와 김 가루, 그리고 고명인 돼지고기 수육을 올리는 사람, 이렇게 역할을 분담해서 자신이 맡은 일만 한다. 딱 주문한 만큼만 만들기 때문에 재고가 남아서 걱정할 일도 거의 없다.

그런데 국수마당은 식사 시간대에 집중적으로 손님이 몰리기 때문에 미리 음식을 만들어놓지 않으면 한 번에 60명 이상 몰려드는 손님을 감당할 수가 없다. 그래서 국수를 삶는 것도 대량으로 삶아야 하고 육수도 미리 대량으로 준비해두어야 한다. 대량으로 식자재를 준비하여 모두 팔면 더 큰 돈을 벌 수도 있지만 반대로 대량으로 만들어놓았는데 손님이 적게 오면 재고로 남아서 폐기처분해야 한다. 바쁜 시간과 한가한 시간이 구분되어 있으면 표준화가 어렵고 재고가 남게 되는 상황이 발생한다. 자매국수가 일부러 가게를 확장하지 않는 이유가 여기에 있었다. 딱 정해진 시간에 정해진 손님이 들어올 수 있는 상황을 만들어놓고 24시간 영업을 해버리는 것이다. 어차피 맛있는 국수를 먹고 싶은 사람은 한두 시간은 기다릴 손님들이었고, 기다리기 싫은 사람은 시간대를 달리 해서 식사 시간을 피해 오기 때문에 24시간 영업은 재고를 남지 않게 하는 하나의 방법이었다.

 이것이 대기업에서 사용하는 SCM(Supply Chain Management: 공급망관리)을 강화하여 부품 재고를 줄이는 방법인데, 장사로 말한다면 손님 수를 잘 예측하는 것이다. 한편 손님 수를 예측하는 것이 어렵다면 식당이 부담해야 할 재고 문제를 손님들이 기다리는 시간으로 바꾸어서 해결하는 것도 한 방법이다. 손님들이 기다려만 준다면 손님 수를 예측하지 않고 그때그때 만들어서 제공하면 된다. 규모를 키우는 것보다 회전율을 높이는 것이 재고자산을 감소시키는 방법이다.

| 적시생산시스템 |

서비스업에서는
어떻게 생산성을 높일까?

전문 서비스업종에도 비슷한 고민이 있다. 서비스업종은 물건을 파는 것이 아니라서 재고자산은 없지만, 서비스를 파는 곳이기 때문에 매출이 떨어졌을 때 고정적으로 소요되는 서비스 시간과 인력에 현금이 지출되는 어려움이 발생한다.

한일건축사사무소도 비슷한 고민을 하고 있었다. 건축 사업은 건설경기가 좋은 때에는 엄청나게 바쁘기 때문에 건설경기 붐이 일어나는 시기에 맞춰 인력을 뽑는다. 그러나 건설경기라는 것은 좋은 시절보다 나쁜 시절이 더 많다. 그런데 경기가 나쁠 때는 여유 인력이 생기고 비용 부담이 생긴다. 한일건축사사무소도 최근 건축설계 업무가 급격히 줄어들어서 건설업이 호황이었을 때 뽑아놓은 여유 인력을 어떻게 해야 할지 난감한 상황이었다.

과거에는 인건비가 낮아서 여유 인력을 채용해도 그렇게 비용 부담이 되지 않았지만 최근에는 달랐다. 일단 건축과 관련된 일을 하려는 직원들이 없어서 직원 구하는 것이 여간 어려운 것이 아니었다. 건축사사무소는 많이 생기는데 젊은 사람들은 건축사사무소에서 일하는 것을 꺼렸다. 또 수익구조의 문제점도 있었다. 종합건축사가 받는 수수료는 터무니없이 낮았는데 수십 년째 그대로였고, 그 상태로 간다면 앞으로도 올리기가 어려울 거라는 예측이 팽배했다. 반면 건축사의 가장 큰 비용인 인건비는 계속 올려줘야 하는 분위기였다. 건축 업무가 어렵고 힘든 일이라는 생각에 건축 일을 하려는 학생들이 줄어들고 있어 앞으로 더욱 사람 구하기가 힘들 게 뻔했다. 그래서 경력직이 나가려고 하면 건축사는 약자가 되어 어떻게든 잡아야 했는데 그러다 보니 직원들의 요구를 계속 들어줄 수밖에 없었다. 이것은 건축사사무소의 고질적인 문제로 악화되었고 십수 년이 흐른 지금, 이에 대한 대비를 해놓은 건축사사무소와 그렇지 않은 건축사사무소 간에는 많은 차이가 발생했다. 이익을 늘리는 대안은 수익을 늘리고 비용을 줄이는 방법밖에 없다. 수익을 늘리기 위해서는 판매량을 늘리거나 수수료 단가를 높이는 두 가지 방법이 있지만 판매량을 늘리는 것은 우리나라 건축사사무소 업계의 현실을 따져보았을 때 어려운 일이었다. 한일건축사사무소의 강충원 건축사는 아파트가 너무 많이 생기는 것이 원인이라고 했다.

"우리나라 사람들은 주변 사람들이 하는 대로 따라가는 경향이 있어서 식당에 가도 한 가지로 통일해서 주문하고, 주택도 자신만의 주택보다는 아파트를 선호하며 다른 사람들과 비슷한 양상으로 살고 싶어 합니다. 1000명의 집을 설계한다고 했을 때 단독주택이라면 1000건의 일인데 아파트는 한 건밖에 안 되지요. 1000세대 아파트를 지어도 건축사사무소는 한 곳에서 맡아서 한 세대만 디자인하면 되니까 건축사사무소의 일거리가 줄어들 수밖에 없습니다."

시장이 줄어들다 보니 비용을 줄이는 방법을 쓸 수밖에 없는데 비용을 줄이자고 인건비를 낮출 수는 없는 노릇이므로 생산성을 높여 직원 1인당 하는 일을 늘려야 했다.

매출이 작년 대비 절반 이상으로 떨어졌지만 고정 급여는 계속 나가고 있어 결국 건축사사무소는 인건비를 지급하지 못할 정도로 마이너스가 나고 말았다. 대출을 내서 인건비를 지급해야 할 지경이었다.

나는 강충원 건축사에게 직원을 뽑을 때는 항상 최악의 상황을 가정하여 채용하고, 매출이 늘어나 인력이 필요할 때는 비정규직 기술자와 자문계약을 맺어서 업무를 맡기도록 제안했다. 업무가 늘어났을 때나 바쁠 때 비정규직원을 데려오려면 2가지 조건이 충족돼야 한다. 먼저 업무 전체를 맡길 수 있을 정도로 경험이 많은 숙련 전문가를 고용해 회사에서 신경을 쓰지 않아야 한다. 그래서 평소에 경험과 실력이 있는 전문직 인력 풀을 잘 만들어놓는 것이 중요하다. 한편 업무의 일부만 맡길 계획이라면 기존 정규직원이 하던 일을 쪼개서 단순반복적인 일을 비정규직원에게 맡겨야 한다. 이 경우는 비정규직원이 경험이 부족하다는 전제로 최대한 업무에 대한 매뉴얼을 잘 만들어놓고 교육시간을 최소로 해도 처리할 수 있는 업무시스템을 만들어놓아야 한다. 이렇게 고정비용을 변동비용으로 바꾸는 업무시스템을 갖춰야 매출이 줄어들 때 비용도 줄어들어 매출의 변동에 관계없이 적정 이익을 확보할 수 있다.

이를 비유적으로 설명해보자. 어떤 요리책을 보면 레시피가 참 쉽게 잘 설명되어 있다. 처음 요리하는 사람이라도 레시피를 그대로 따라 하면 보통의 요리는 만들 수 있다. 아주 맛있는 요리는 아니더라도 누구나 쉽게 따라 할 수 있다는 것이 장점이다. 건축서비스에도 이런 알기 쉬운 레시피가 필요한 것이다.

강충원 건축사는 업무 유형별로 매뉴얼을 만들기로 했다. 그 매뉴얼대로 하면 누구나 일을 할 수 있을 정도로 쉽게 업무를 단순화

했다. 지금도 계속 매뉴얼을 업데이트하며 더 간단하고 쉽게 만들기 위해 노력 중이다. 처음 초안은 직접 만들었지만 그 뒤에는 현실을 잘 반영하기 위해 직원이나 퇴사하는 직원들이 만들도록 했다. 그러나 레시피대로 하더라도 업무 속도가 바로 나지는 않는다. 반복 훈련이 충분히 되어 있지 않기 때문이다. 반복 훈련을 통해 숙달을 하려면 동일한 일을 최소 수십 번 이상은 해봐야 하는데 기존 시스템에서 수십 건의 프로젝트를 관리하려면 적어도 3~5년이 걸린다. 그래서 시스템을 거래처 단위에서 업무 단위로 바꾸었다. 한 명당 거래처 몇 개를 처리하는 방식이 아니라 업무를 쪼개서 쉬운 업무와 어려운 업무로 나눈 것이다. 일을 해본 사람이라면 아무리 복잡한 업무도 쪼개보면 단순 업무로 이루어진다는 것을 알 것이다. 그래서 처음 직원이 들어오면 가장 기본적인 단순 업무만을 시킨다. 그 업무에서 숙달되면 좀 더 난이도 있는 직무로 옮겨간다.

아무리 신입 직원이라도 한 달이면 건축과 관련된 업무를 마스터하게 만든다는 것이 그가 매뉴얼을 만드는 목표였다.

군대에 취사병으로 가면 처음에는 양파와 감자 썰기만 시키는 것과 같은 원리다. 야채만 써는 사람, 감자만 써는 사람, 면만 끓이는 사람, 양념만 만드는 사람, 이것을 섞어서 볶기만 하는 사람, 그리고 간을 보고 맛을 내는 사람으로 분류하면 아무리 초보자라도 일을 시킬 수 있게 되고 최종적으로 맛을 내는 사람 한 명이 모든 것을 컨트롤할 수 있다.

  한일건축사사무소는 건축주의 의뢰로 건축 법규 검토, 건축 규모 검토, 사업성 검토, 그리고 이어 진행되는 계획 설계와 실시 설계, 신축, 증축, 용도변경 등의 도면과 서류를 꾸며 관청에 접수하고 협의하여 허가를 받는 건축 인허가 업무, 시공이 도면대로 진행되는지 건축주의 입장에서 확인하는 공사 감리 현장 업무 등으로 일을 쪼갰다. 그리고 큰 업무별로 다시 세부적인 업무를 나누고 고객이 다르더라도 공통 업무는 한 직원이 계속 하도록 했다. 그러기 위해서 서비스업은 업무 흐름을 잘 분석하고 쪼개야 한다. 어떤 업무를 어떻게 쪼개서 어떻게 맡기는가에 따라 업무를 하는 방식이 달라진다. 무엇보다 고객이 중요하게 생각하는 것이 무엇인지 파악하고 그것이 반영되어 있어야 한다. 고객이 중요하게 생각하는 것에 가까운 일을 가장 경험이 많은 사람이 맡도록 해야 한다.

| 적시생산시스템 |

재고 없이 장사하는
방법은 무엇인가?

최근 스마트폰 등에 밀려 책 읽는 사람이 줄어들어 대형 서점이나 동네 서점이나 모두 어려운 시기를 겪고 있다. 통계에 따르면 1998년 1억 9053만 5987부였던 도서 발행부수는 2014년 9416만 5930부로 1억 부 정도 줄었다. 한편 한국서점조합연합회에 따르면 순수 서점도 많이 감소했는데 1998년 4897개였던 서점 수는 2013년 1625개로 3분의 2가 줄었고 지금도 꾸준하게 줄고 있다.

독자도 크게 줄었다. 조사에 따르면 2014년 전국 2인 1가구가 매달 책을 사는 데 쓴 돈은 1만 8154원으로 한 가정에서 한 달에 겨우 책 1권을 구입하는 것으로 나타났다. 2003년 2만 6346원과 비교하면 31퍼센트가량 감소한 것이다.

  이렇듯 어려움을 겪는 서점을 위해 최근 시행한 것이 도서정가제지만 동네 서점 반응은 시큰둥하다. 다른 방법으로 동네 서점들은 살아날 방법을 다시 고민하고 있다.

  이런 도서시장 하락 추세에 북바이북(Book by Book)이라는 동네 서점이 하나 생겨서 가보았다. 겉으로만 봐서는 북카페인 것 같은데 안에 들어가 보니 작은 서점이었다. 특이한 건 서점인데 커피도 팔고, 맥주도 파는 서점이었다. 언뜻 서점과 어울리지 않아 보이는 각종 행사와 이벤트도 많았다. '작가 번개'를 비롯해서 창업특강, 미니콘서트, 캘리그래피, 드로잉, 컬러테라피까지…… 그리고 작은 전시회도 열어 서점 자체를 문화공간으로 만든 듯했다. 문 입구에는 '심야 치유 서점…… 당신의 문제는 너무 열심히 산다는 것이다'라는 문구가 붙어 있었다.

  모든 책이 다 있는 것이 아니라 지역적인 특성을 고려해서 선별한 책들만 있었다. 대부분 디자인이 세련되고, 독특한 느낌의 책들이었다. 또 정기적으로 하나의 콘셉트를 가지고 그에 맞게 책을 전시하는 점도 특이했다. 사람들로 하여금 돈을 더 비싸게 주더라도 '이런 공간'에서 책을 구매하고, 읽고 싶은 마음이 절로 들게 만드는 서점이었다. 동네 서점만이 취할 수 있는 영리한 전략이었다.

사실 동네 서점은 책을 많이 쌓아둘 수 없는 것이 현실이다. 예전에 동네 서점에서 책을 두 권 주문했을 때는 사장이 직접 두 권 중 한 권은 재고가 없다며 어디에서 구할 수 있는지 손수 찾아서 문자로 보내주기도 했다. 작은 공간도 공간이지만 재고에 돈이 묶이는 것이 현금 흐름에 좋지 않기 때문에 많이 가져다둘 수가 없다.

서점을 갈 때마다 저 많은 책들을 구입하려면 투자비용이 많이 들겠다는 생각을 하곤 했다. 또 '책이 팔리지 않으면 저 많은 재고를 어떻게 처분하지?' 하고 궁금하기도 했다. 그렇다고 팔리는 책만 가져다놓는다면 책의 종류가 다양하지 않으니 독자들이 오지 않을 것이었다. 서점은 어떤 업종보다도 우선 규모를 크게 해야 하는 업종이기도 했다. 나는 친한 서점 주인에게 이렇게 물었다.
"팔리지 않은 책은 어떻게 하나요?"
"반품하기도 하고, 그냥 놓아두기도 하죠."
서점 주인은 책을 '위탁판매'하고 있다고 했다. 즉, 출판사에서 재고에 대한 책임을 지고 반품을 받아주기 때문에 서점은 재고에 관한 부담을 지지 않는 것이었다.

서점은 출판사로부터 위탁판매나 매절이라는 방식으로 책을 공급받는다. 위탁판매보다는 매절의 경우 5퍼센트 정도의 추가할인을 더 받는다. 서점은 출판사로부터 판매를 위탁받았기 때문에 소비자가 책을 구입하면 판매된 수량만큼만 출판사에 돈을 지급하면 된다. 따라서 서점은 책 판매를 대행하고 수수료를 받는 형태다. 재고에 대한 책임은 출판사에 있다. 하지만 매절의 경우에는 서점이 출판사로부터 책을 구입해서 판매하는 것이라 도소매업의 형태로 서점이 운영된다. 매절에 의한 방식은 서점 입장에서 볼 때 책을 팔지도 못했는데 현금을 지급하는 것이기 때문에 자칫 잘못하면 재고에 돈이 묶일 수 있다. 대신에 장점도 있는데 팔리기도 전에 출판사에게 돈을 주는 것이기 때문에 추가할인을 받을 수 있다. 그래서 서점은 어느 정도 판매를 확신할 수 있는 베스트셀러의 경우에는 매절의 방식으로 구입하고 나머지의 책들은 위탁판매의 방식으로 공급받는다. 대부분의 책들은 초판도 다 팔기가 힘들다. 극소수 베스트셀러의 경우에만 판매량이 높기 때문에 매절의 형태로 공급되는 책은 많지 않다.

이렇게 재고관리를 하는 것은 다시 말해 지출시기를 늦추는 전략이기도 하다. 재고에 현금이 묶이는 것을 방지하는 역할이기 때문이다. 서점은 책을 사오는 시점에서 돈을 지불하지 않았고 소비자가 책을 사면 서점은 돈을 받고 나중에 출판사에게 책 매입대금을 지불하는 체계를 갖추고 있었다. 즉 서점에 아무리 많은 책이 있더라도 책값에 대해서 지불한 돈이 없으니 실질적인 재고랄 것이 없었고, 따라서 인건비와 임대료 정도를 상회할 정도의 책만 팔면 유동성 위기가 닥치지 않았다. 그래서 때때로 서점이 망하면 출판사에서 받지 못한 책 대금을 회수하기 위해 마케팅 담당자들이 전쟁을 치르곤 한다. 서점은 손님한테 책을 팔고 먼저 현금장사를 한 다음 출판사에 결재해주는 시스템이므로 받고 나서 준다는 원칙을 잘 지키는 업종이다. 재고자산은 물건을 사다가 판매하는 업종에서 발생한다. 구입해서 판매로 바로 연결되면 재고자산이 필요 없지만 구입한 후 판매가 안 될 경우에 재고자산이 늘어나면 현금이 묶인다. 한편 재고자산이 안 생기게 하려면 구매절차가 없는 업종으로 바꾸는 노력을 하면 되는데, 이것은 어떻게 보면 무형의 서비스업과 비슷한 형태로 만드는 것이다.

| 적시생산시스템 |

미리 만들지 말고
즉시 만들어라

　재고는 마치 수산물 시장의 생선과 같다. 시간이 지나면 제품의 가격이 떨어지기 때문이다. 나는 겨울이 되면 붕어빵을 좋아하는 딸아이 때문에 종종 붕어빵 심부름을 가곤 한다. 아내는 내가 문 밖에 나설 때 꼭 주문사항을 덧붙인다.

　"방금 만든 것으로 사와야 돼!"

　붕어빵을 주문하는 것은 딸이지만 어떤 붕어빵을 사와야 하는지에 대해서는 아내가 정해주는 셈이다. 다행히 집 근처에 수년째 장사하는 붕어빵 가게가 있어 나는 그곳을 애용한다. 내가 갈 때마다 붕어빵 가게에는 10봉지 정도 양의 붕어빵이 만들어져 있다. 나는 아내의 주문사항을 잊지 않고 아저씨에게 전달한다.

"방금 만든 것으로 주세요."

그러면 항상 아저씨는 이렇게 말한다.

"모두 방금 만든 거예요."

처음에는 봉투를 만져보고 따뜻한 기운이 있으면 아저씨의 말을 믿었는데 집에 가져와서 먹어보면 만든 지 한두 시간 정도는 지난 붕어빵이었다. 식어버린 붕어빵은 안 팔린다는 것을 아저씨는 너무도 잘 알고 계셨기 때문에 완성된 붕어빵을 봉지에 담아 따뜻한 기계 위에 올려놓고 데워서 파는 것이었다. 봉지만 만져보면 누구나 방금 만든 붕어빵이라고 생각하고 집어가지만 먹어보면 겉만 따뜻하고 속은 식어 있었다. 아저씨는 손님들이 이런 사실을 알아챈다는 걸 아는지 모르는지 계속 붕어빵을 만들어 데워두었다. 준비를 안 해두면 손님이 기다리는 게 싫어 그냥 가버리는데 미리 만들어 두면 손님을 놓치지 않는다는 것이었다. 그러나 이 경우에 손님들이 식어버린 붕어빵을 먹고 다음부터는 가게에 오지 않게 될 수도 있다. 나의 경우에는 집 주변에 붕어빵 가게가 없어서 어쩔 수 없이 가기는 했지만 시간이 갈수록 가게의 손님이 점점 줄어드는 것 같았다.

붕어빵 가게에서 30미터 떨어진 곳에는 20년째 한 자리에서 호떡만 파는 가게가 있다. 누나와 남동생 둘이서 장사를 하는데 허름한 그들의 집 한편에 호떡 만드는 기계를 구비해놓고 영업을 한다. 누나는 호떡을 만들고 남동생은 서빙을 한다. 역할 분담이 그럴 수밖에 없는 것이 누나는 정말 말 한마디 하지 않는 무뚝뚝한 성격이다. 반면 남동생은 상냥하게 사람들에게 농담도 하고 인사도 잘하는 청년이라서 손님 응대는 남동생이 하는 것이 확실히 맞아 보였다. 이 집은 호떡 하나만 팔기 때문에 계절장사를 할 수밖에 없었다. 12월부터 2월까지만 장사하고 나머지 달에는 아예 문을 닫았다. 하지만 딱 3개월만 장사를 하고도 1년을 먹고살 정도의 돈은 번다고 했다. 게다가 정해진 양만큼만 재료를 준비하고 재료가 떨어지면 가게 문을 닫았다. 아무리 장사가 잘 된다고 해도 500원짜리 호떡을 팔아 3개월 장사만 해서 1년을 먹고살려면 넉넉지는 않았을 것이다. 그래도 호떡집 가게 남매는 씀씀이도 그렇게 크지 않으니 먹고사는 데 전혀 지장이 없다고 했다. 오히려 욕심만 조금 내려놓으면 이렇게 편한 장사도 없다고 했다. 사실 이 남매가 조금 욕심을 부린다면 장사를 시작하기 전이나 손님이 없을 때도 호떡을 만들어 한 개라도 더 팔아보려 했을 것이다. 하지만 이 남매는 미리 만들어놓지 않았다. 가게 문도 오후 3시가 넘어서야 열었고 저녁 9시면 문을 닫았다. 손님들이 오면 그제야 호떡 만들 준비를 했고 그래서 항상 손님들이 줄을 길게 서 있을 수밖에 없었다. 호떡 만드는 기계 하나로 아무리 많이 만들어도 한 번에 10개였다. 만드는 데 5분은 걸리기 때문에 한 시간 동안 계속해서 만들어도 120개 정도밖에 만들지 못했다. 하루에 6시간 동안 일하니 가장 많이 팔아도 하루에 720장이고 500원씩 팔면 하루 매상이 35만 원 정도였다. 호떡은 마진율이 좋아서 재료비가 25퍼센트 정도밖에 되지 않고 직원도 쓰지 않으니 가스비 등을 감안하더라도 남매한테 떨어지는 마진은 70퍼센트에 육박했고, 하루 25만 원 정도 순수한 현금을 만질 수 있었다. 미리 만들어놓으면 매상이 좀 더 올라가겠지만 오히려 남매는 보통 매상보다 조금 적게 재료를 준비하고 준비한 재료가 떨어지면 가게 문을 닫았다. 그래서 보통 9시까지가 정상 영업 시간이지만 8시 30분이면 재료가 다 떨어졌다. 30분 더 장사하려고 재료를 더 준비해본 적도 있지만 오히려 재고가 남는 게 신경 쓰여 이제는 그러지 않는다고 했다. 재고가 남으면 그날 버려야 하는데 이렇게 버리는 원재료를 모아보니 30분 더 장사해서 버는 이익보다 많아서 손해라는 것이었다. 재료를 추가로 만들어서 준비할 시간적 여유도 없지만 한다고 해도 맛이 달라져서 손님들 불만이 더 높아질 수 있다고 했다.

그래서 항상 호떡을 사려면 기본적으로 30분은 줄을 서야 했다. 누나가 호떡을 만드는 솜씨가 보통이 아니게 빠른데도 호떡이 익어야 하는 시간 때문에 생산성을 높이는 데는 한계가 있었다. 그 동네에 사는 손님들은 주문을 해놓고 30분 후에 가지러 오는 경우가 많았다. 다른 동네에서 온 손님들은 어쩔 수 없이 자기 차례가 올 때까지 기다렸다. 추운 겨울날 아무런 보호벽도 없는 곳에서 덜덜 떨면서 30분 이상을 기다리는 것은 상당한 인내심을 필요로 했다. 남동생은 손님들이 추위를 견디며 기다리는 것을 보고 오뎅을 팔기 시작했다. 괜히 호떡 사러 온 손님들에게 실망감을 줄까 봐 망설였지만 호떡을 사러온 손님들이 기다리는 동안 따뜻한 국물 한 잔이라도 드리려는 마음으로 오뎅을 팔았다. 미리 국물을 준비해두고 오뎅을 넣어 익히면 완성되니 시간도 오래 걸리지 않았다. 식자재는 마트에서 언제든지 사오면 되기 때문에 이틀 정도의 재고만 보유하면 되었다.

오뎅도 호떡과 마찬가지로 500원씩 하는데 팔아보니 호떡을 사러온 손님들이 호떡보다 오뎅을 더 많이 사먹었다. 실제로도 호떡이 주 메뉴이지만 오뎅을 팔아 버는 돈이 더 많아 오뎅 장사를 함께 시작한 이후로 하루에 순수하게 현금이 100만 원은 남았다. 무엇보다 매출은 모두 현금매출이었고 식자재 재고가 전혀 없으므로 지출은 모두 벌어들인 매출 내에서만 지급하면 되었다. 재고에 묶이는 돈이 없고 설비투자비도 따로 없었기 때문에 망할 염려는 전혀 없었다. 직원도 따로 없이 사장 남매 2명뿐이므로 인건비로 미리 지급하는 금액이 없었다.

호떡 가게 남매는 현금관리와 재고관리시스템을 너무나 잘 알고 있었다. 호떡은 만든 지 30분만 지나면 팔리지 않았기 때문에 팔릴 만큼만 만들어놓는 주문생산시스템이 효과적이었다.

재고자산은 돈이므로 필요한 만큼만 구매해서 써야 한다. 재고를 쌓아두는 것 자체가 낭비이므로 주문이 들어오면 바로 생산하는 적시생산시스템은 여러 모로 성공의 관건이다. 재고가 없으면 다음 날 새 물품을 구매할 수 있고 신선도도 보장할 수 있기 때문에 고객에게 신뢰를 줄 수 있다. 도요타 같은 대기업이나 작은 가게나 재고관리의 기본은 동일하다.

:: 장사의 1급 비밀 ::

시간이 지날수록 가치는 떨어지니 적시생산시스템이 답이다

1. 장사에 손님을 참여시켜라

손님들에게 한정된 시간 안에 일시에 제품이나 서비스를 제공하려고 하는 것보다 시간을 분산시키는 것이 좋다. 그러면 투자비를 절약하면서도 재고회전율을 높일 수 있다. 종업원이 하던 일을 소비자가 하게 만드는 고객 참여도 재고 절감의 폭을 계속 확대시킬 수 있다. 스타벅스는 다양한 고객의 요구를 수용하기 위해 메뉴를 늘리기보다는 고객들이 스스로 커피를 설계하도록 만들었다. 고객 참여를 이끌어내면 고객가치 극대화와 함께 비용절감도 달성하는 셈이다.

2. 주문생산시스템을 가동하라

팔릴 만큼만 만들어놓는 재고관리 방법 중에 도요타에서 시작한 JIT(Just In Time)이라는 것이 있다. 이는 주문이 들어오면 바로 생산하는 적시생산시스템을 말한다. 제품을 만들어놓고 팔리기를 기다리는 것은 먼저 지출하는 구조다. 당일에 구입한 물건을 가게 문을 닫을 무렵까지 모두 팔았다면 마진은 모두 현금으로 바뀌게 된다. 그러나 당일에 구입한 물건을 당일에 다 팔지 못했다면, 마진이 남아도 재고에 묶인 만큼 현금이 부족할 수 있다. 또 창고에 쌓여 있는 기간이 길어진다면 그 기간 동안 현금이 재고로 묶이게 되므로 현금을 다른 곳에서 빌려와야 한다. 현금장사는 재고가 가게에 머무는 기간을 얼마나 단축시키는지의 싸움이다.

3. 재고 없는 장사를 해라

도소매업종은 현금이 많이 필요한 업종이다. 물건을 사다가 팔고 나중에 현금을 받기 때문에 현금이 들어오기까지 시간이 많이 걸린다. 다시 물건을 구입하기 위한 돈이 재고자산에 묶이는 것이다. 반면 서비스업종은 물건을 사올 필요가 없으므로 현금관리가 상대적으로 쉽다. 즉 현금관리를 잘하려면 도소매업종에서 서비스업으로 업태를 바꾸는 것이 좋다. 재고관리를 잘하는 회사는 수요예측을 통해 재고를 최대한 줄이려고 고민하고 재고관리의 신(神)은 재고 자체를 만들지 않는다.

4장

통장에 이름표를 붙이면
현금기적이 일어난다

| 운전자본 |

언제 물건대금을 지급해야 할까?

통장은 보통예금통장과 정기적금(또는 예금)통장으로 구분이 된다. 보통예금통장을 보면 수시로 돈이 들어오고 나가기 때문에 내역을 파악하기가 굉장히 어렵다. 반면 정기적금통장은 정해진 날짜에 정해진 금액이 나가기 때문에 내역을 관리하기가 쉽다. 장사에서 필요한 통장은 보통예금통장보다는 정기적금통장처럼 만들어야 관리가 쉽다. 돈 들어오는 것은 조절할 수 없지만 돈을 지출하는 것은 자기가 돈을 내는 것이므로 조절할 수 있다. 웬만하면 정해진 날짜에 돈이 나가도록 해야 관리가 편하다.

유명 브랜드 의류 매장을 운영하는 박인식 사장은 본사로부터 매장을 하나 더 내자는 제의를 받았다. 상권으로 봤을 때 지금 운영하는 매장 근처에 매장을 하나 더 내도 괜찮겠다는 것이다. 지금 운영하는 매장은 골프의류 전문인데 이외에 다른 스포츠의류 매장을 내면 수익이 있을 거라며 박인식 사장이 내지 않으면 다른 사람에게 매장을 줄 수밖에 없다고 은근히 압박을 해왔다.

박인식 사장은 결국 프랜차이즈 의류매장을 하나 더 내기로 결정할 수밖에 없었다. 프랜차이즈 의류매장에서 의류를 외상으로 살 수 있었기 때문에 자금부담은 생각보다 적었다. 점주가 전산으로 본사에 필요한 물건을 신청하면 신청한 만큼의 의류를 대리점으로 보내주었다. 이때 현금을 지불할 필요는 없는 대신 본사에 담보를 제공했다. 예금이든 부동산이든 담보를 설정하면 담보를 보고 물건을 외상으로 주는 것이었다. 보통 상권이나 매장 면적, 월 매출을 기준으로 하여 외상으로 줄 물건의 양을 조절하지만 필요한 물건을 받는 데는 지장이 없었다. 그리고 한 달 동안 이 물건을 판매한 뒤 현금매출액 중에서 일정 수수료를 뗀 다음 나머지 돈은 본사로 입금했다. 이것이 박인식 사장이 생각하는 프랜차이즈 의류매장의 최대 장점이었다. 즉 물건값을 나중에 줘도 된다는 것이었다.

일반 의류매장을 운영한다면 모든 물건을 직접 현금으로 구입해야 한다. 또 물건을 현금으로 구입했다가 팔리지 않으면 이것이 악성재고가 되고 나중에는 손해를 보고서라도 할인해서 팔거나 폐기처분해야 한다. 보통 의류매장을 열려면 수천만 원에서 수억 원어치 재고를 사다놓아야 하는데 이 자금은 엄청난 부담이다. 그러나 프랜차이즈 의류매장은 판매한 후에 수수료를 뗀 만큼만 본사에 송금하면 되기 때문에 먼저 현금을 받고 나중에 주는 시스템이 된다. 재고자산에 대한 부담도 본사에서 갖기 때문에 팔리지 않는 의류는 본사로 반품하면 된다. 본사에서는 전국적으로 가맹점들의 재고를 실시간으로 파악하고 있기 때문에 어느 가맹점에서 품절인 의류가 있으면 재고자산이 남아 있는 다른 매장들을 조회해서 재고물량을 충당했다. 그렇기 때문에 본사에서는 전국적인 재고자산 관리를 할 수 있었고 대리점들은 재고자산에 대한 부담감을 덜어버릴 수 있었다.

물론 매장들은 물건을 외상으로 구입해오기 위해 담보력이 있어야 했고 따라서 본사에서는 기존 가맹점주들에게 계속 매장을 내주는 것을 선호했다. 신규 가맹점주를 모집하려면 담보를 잡아야 하는데 이 절차가 복잡하고 또 신용도를 조회하기가 어려운 반면, 기존에 계속 거래를 해왔던 가맹점주들은 거래실적과 신용이 있어서 본사 입장에서도 위험이 적다고 판단했기 때문이다.

다만 대리점들이 주의할 현금 흐름은 인건비와 임차료, 인테리어 비용이었다. 직원 인건비와 임차료는 현금으로 매월 지출해야 하는 비용이었고 인테리어비용은 일시에 현금으로 지불해야 하는 돈이었다. 그래서 박인식 사장이 매장을 낼 때 특히 주의 깊게 관리한 것이 바로 현금매출로 인건비와 임차료와 같은 고정비용을 지출하고 남긴 마진으로 인테리어비용 등 투자금을 회수하는 시기였다. 한 달 매출이 5000만 원이라면 이 중에 평균 20퍼센트가 수수료이기 때문에 순수한 수수료수입은 매월 1000만 원이고 여기에서 직원 인건비와 임차료 600만 원을 내고 나면 400만 원의 이익이 남았다. 인테리어비용 등 투자비로 1억 원 정도가 들어갔기 때문에 매월 400만 원의 현금을 2년은 모아야 원금을 회수할 수 있었다. 본사에서 물건에 대한 기획과 재고부담을 모두 책임지고 있기 때문에 박인식 사장은 직원관리만 신경 쓰면 되었다. 기본적으로 브랜드 가치가 높아 매장만 있으면 어느 정도의 현금매출은 확보가 되었고, 인건비와 임차료 비용을 넘어설 만큼 판매가 되면 직장에 다니는 것보다 조금은 나은 현금이 들어왔다. 물론 재산이 없어 담보를 제공할 수 없는 사람이 시작하기에는 장벽이 있지만 여유자금이나 노후자금, 부동산 등이 있는 사람에게는 장사에서 가장 어려운 현금흐름 관리를 본사에서 맡아주기 때문에 웬만하면 망하기가 어려운 업종이었다.

얼마 전에 집에 있는 정수기를 교체했다. 처형이 결혼 때 선물로 사준 정수기를 사용하고 있었는데 너무 오래되어서 C사의 정수기를 리스하기로 했다. 플래너가 찾아와서 상담을 했고 계약 완료를 앞두고 이렇게 물었다.

"매월 5만 원씩 자동이체될 건데요. 자동이체 날짜는 25일로 하시죠?"

이런 질문을 받으면 대부분의 사람들은 '네, 아무 때나 하시죠'라고 답한다. 하지만 자동이체 날짜를 아무렇게나 지정하면 지출 건의 날짜가 분산되어 한 달에 얼마나 지출을 하는지 파악하기가 어렵다. 그래서 부자들은 대부분 지출 날짜를 하루로 몰아서 한 달에 얼마씩 쓰는지를 항상 꿰고 있다.

나는 집과 회사 양쪽 다 모든 지출 날짜를 특정 일로 고정해서 관리하고 있다. 다양한 공과금 지출이 하루로 고정되어 있으면 각각을 따로 계산해보지 않더라도 한 달에 얼마의 지출이 이루어지는지를 파악하기 쉽기 때문이다.

우리 회사의 경우에는 매월 5일(월급날)과 10일(월급 외 모든 지출)에만 지출이 이루어지고 있어서 나는 지출결의서를 보지 않고도 얼마의 돈이 나갈지 대충 알 수 있다. 집과 회사에서도 단순한 지출 관리를 주장해 효과를 톡톡히 보고 있기에 나는 C사 플래너에게 말했다.

"아뇨. 말일로 해주세요."

그러나 플래너는 이렇게 응수했다.

"저희 회사에서는 매월 자동이체 날짜를 세 가지로만 정하고 있습니다. 매월 5일, 15일, 25일입니다."

C사 또한 회계 처리를 편하게 하려고 입금 날짜를 세 가지로 지정하여 시스템을 운영하고 있었다. 보통 중소기업이라면 입금일을 지정하지 않고 그냥 고객이 주는 날짜로 이체 일을 맞춘다. 그러나 돈이 아무 때나 조금씩 들어오는 것보다 하루에, 그리고 한꺼번에 들어오는 것이 훨씬 관리하기 쉽다는 것을 부자들이나 C사 같은 대기업들은 잘 알고 있었고 시스템을 그렇게 만들어놓았던 것이다.

나는 다시 응수했다.

"저는 말일 아니면 지출하지 않습니다."

나는 말일로 자동이체 날짜를 고정하지 않으면 계약을 하지 않을 수도 있다는 의미까지 담아 힘주어 말했다. 칼자루는 내가 쥐고 있었고, 돈 주는 날짜까지 C사가 원하는 대로 해줄 이유는 없었다.

"그러면 어쩔 수 없군요. 말일로 해드리겠습니다."

우리 회사도 물건을 사면 항상 말일 결재라고 공지한다. 결재만 잘 지킨다면 아무 문제가 없다. 하지만 많은 사람들이 물건을 사면서도 지출 날짜를 상대편의 일정이나 요구 때문에 그쪽에 맞춰주는 경우가 많다. 물건을 판 쪽에서 원하는 날짜에 지출결의서를 작성하고 돈을 주려고 노력을 한다. 이런 시스템에서는 직원이 매일 지출결의서를 작성하면서 시간을 보낸다. 말일에 한 번만 지출결의서를 작성하면 시간도 절약되고 회사의 자금파악도 쉬운데 말이다.

또 지출결의서도 업무를 담당하는 현업 직원들이 직접 작성한다. 소액으로 이루어지는 지출은 모두 담당자가 먼저 지출하고 나중에 회사에 청구한다. 직원들 입장에서는 지금 지출하고 나중에 회사에서 받으니까 별 차이가 없는 것 같지만 자기 돈을 먼저 지출한다는 것은 알게 모르게 상당한 부담감으로 작용하기 때문에 멀리 보면 지출을 절약하는 효과가 있다. 또 자신이 지출한 돈을 꼼꼼히 메모해서 청구하니까 정확하게 지출결의서가 작성되고 혹시나 금액이 틀리더라도 본인 책임이 되어서 회사의 관리 업무가 거의 없어지게 된다. 경리담당 직원은 직원들로부터 받은 지출결의서를 취합해서 은행에 지급요청만 하면 되는 것이다.

지출일자를 내 마음대로 조정하지 못한다고 하는 회사도 많다. 특히 대기업의 물건을 매입해서 파는 대리점의 경우에는 지출일자를 조절하는 것이 어렵다고 말한다. 오랫동안 납품업체의 요구대로 현금지출시기를 정해왔다면 처음에는 지출시기를 늦추려는 시도가 힘들지도 모른다. 그러나 이것은 습관의 문제일 뿐 불가능한 것은 아니다. 지출시기에 대한 습관만 고치면 문제가 되지 않는 것이다.

지출을 하는 사람이 갑의 입장이다. 을이 대기업이거나 힘 있는 회사라고 해서 을의 입장대로 지출을 해줘야 하는지는 생각해봐야 한다. 만약 갑의 입장에 있으면서도 지출일자를 을의 요구대로 해줄 수밖에 없는 입장이라면 그 사업을 계속할지에 대해 고민해봐야 한다. 물건을 사주는데도 물건 파는 사람의 요구대로 자금을 움직여야 한다면 이것은 회사의 노하우가 아무것도 없다는 말이나 다름없다. 차라리 사업을 접는 편이 나을 수도 있다. 경기가 좋을 때는 먹고살 수 있겠지만, 불경기가 오면 곧바로 위기에 봉착할 것이다. 자본주의 사회에서는 고객이 왕이고 돈을 지불하는 회사가 지출에 대한 권한을 가지고 있다.

그리고 대부분의 대기업은 현금관리에 많은 노하우가 있어서 대금 지급 방식에 대한 옵션을 많이 준다. 전자제품 대리점은 본사에서 물건을 매입하면 한 달 내에 지급해야 하는 것이 원칙이다. 미리 지급하면 이자만큼 할인해주고 지급시기가 늦어지면 이자를 가산해서 지불해야 한다. 대기업은 대금을 회수하는 것이 목적이고 늦게 오면 이자를 받으면 되므로 대부분 이런 전략을 쓴다. 대리점은 본사에서 매입해오는 대금을 미리 지급하면 할인을 받기 때문에 차입을 해서 선지급하기도 한다. 반면 차입금에 대한 이자비용이 더 많이 들어갈 경우에는 차라리 본사에 이자를 가산하여 지출시기를 늦추기도 한다. 대기업에서 납품을 받는 경우에도 결국 이자가 가감될 뿐 지출시기의 조절은 가능하다. 어느 정도 현금관리가 잘되고 있다면 이자까지 감안하여 지출시기를 조절하면 되겠지만, 현금관리가 안 되는 회사라면 차라리 지출시기를 늦추는 것이 안정적이다. 지출시기를 늦추더라도 약속한 날짜에 지출만 한다면 물건매입에서 불이익을 받는 경우는 별로 없다.

고객에 대한 현금지출도 마찬가지이다. 고객의 요구대로 움직이면서 지급시기를 조절하지 않으면 빈곤의 순환에 빠진다. 우리 회사도 초창기에는 항상 '바쁘다, 그런데도 돈은 없다'라는 말을 입에 달고 살았다. 나중에 통장을 확인해보니 경리담당 직원이 대금을 날마다 지급한 탓에 자금순환이 악화된 상태였다. 우선순위가 중요한 대금보다 덜 중요한 대금을 먼저 지급해버리는 경우도 많았다. 경리담당 직원은 납품업자나 외부회사로부터 청구서를 받으면 바로 지급하고 있었다. 이 탓에 통장을 보면 매일 현금지출이 있었고 통장 잔액이 있기가 무섭게 빠져나갔다. 그러니 정작 중요한 지출인 급여일이나 중요한 비품구입을 해야 할 시기가 오면 통장 잔고가 바닥일 수밖에 없었다. 매출대금이 회수되기 전에 지급부터 해버렸기 때문에, 반드시 지출해야 하는 비용이 있는데 지급할 돈이 남아 있지 않으면 은행에서 차입할 수밖에 없었다.

그런데 지급 기준을 수정하자 예금잔고 상황은 확연히 좋아졌다. 정해진 날짜가 되기 전까지는 통장에서 절대 지출을 하지 않았다.

그것을 전 직원이 아는 데는 채 한 달도 걸리지 않았고 그 후부터는 매일매일 올라오던 지출결의서가 매월 말 한 번만 올라왔다. 대신 우리는 매월 말일까지 현금수입에만 신경을 썼다. 현금지출은 없고 현금수입만 있으니 매월 마지막 일에는 현금잔고가 수북이 늘어났다. 현금지출 규정을 만든 이후에는 직원들도 납품업체나 외주회사에 당당하게 말할 수 있었다.

"우리 회사는 다음 달 10일 결재를 기준으로 하고 있습니다. 이것이 회사 원칙입니다."

처음에는 고객이 왜 돈을 늦게 주느냐고 반박하기도 하지만 이것은 신용이 생기면 곧바로 해결될 문제다. 신용이란 돈을 빨리 준다고 생기는 것이 아니라 약속한 날짜에 제대로 주면 생기는 것이다. 회사의 지출 규정상 매월 한 번, 즉 다음 달 10일에 지출이라는 것을 말하면 담당자가 힘들 일이 없다. 회사의 규정대로만 하면 된다.

회사의 규정 때문에 말일에 지급해야 한다고 말할 때 그 직원을 탓할 납품업체는 아무 데도 없다. 따지고 싶으면 회사에 와서 따져야 하는데 이제껏 회사 규정 자체를 따지러 오는 납품업체는 한 번도 보지 못했다. 대기업들은 이런 방법을 너무나 자연스럽게 사용한다. 대기업에서는 지출 승인을 받기 위해 복잡한 절차를 밟아야 한다. 이 절차가 끝나기 전에 지급을 받을 수 있는 방법은 없다. 우리가 왜 대기업이 돈을 지급하지 않는지, 또 왜 지급일자가 늦어지는지 그 이유를 물으면 대부분 상대방은 결재 중에 있다고 답한다. 그러면 더 이상 요청하기가 힘들어진다. 장사를 하는 사람들은 대기업의 시스템을 벤치마킹할 필요가 있다. 돈을 지급할 때 일정 규정을 만들고 그 규정에 따라 지급하는 것이다. 이 규정은 거래처에서 돈을 달라고 할 때 곧바로 지출하는 시스템이 아니라 특정 일을 정해두고 그 날짜에만 지출이 가능하게 만드는 것이다. 회사의 규정이 이렇다는 것을 설명하면 고객과 논쟁할 일이 상당 부분 줄어든다. 이때 주의할 것은 약속한 날짜를 반드시 지켜내 신용을 잃지 않는 것이다.

| 운전자본 |

먼저 지급하는 경우, 그 이유가 무엇인가?

현대 주유소 강주원 사장은 주유소는 기름탱크의 크기가 돈의 크기를 결정한다고 말했다. 기름값은 마음대로 올리기도 어려워서 다른 곳과 거의 비슷한 가격으로 팔 수밖에 없고 원가 또한 주유소가 결정하기 때문이다.

주유소의 기름값이 떨어지면 싼 가격에 매상이 많이 오르리라 생각할 수 있지만, 주유소의 매출은 생각만큼 오르지 않는다. 가격을 많이 내렸기 때문에 손님이 늘어도 매출은 사실상 변함이 없는 것이다.

기름을 비싼 값에 팔고 있는 주유소 사장의 입장에서 보면 주변에서 너도나도 기름값을 내리기 때문에 혼자 높은 가격으로 버틸 수가 없다. 가격을 한 번 내리면 그 이후에 쉽게 올릴 수도 없다. 주유소는 유통마진이 적어서 인건비를 빼고 나면 팔아도 적자가 발생하는 경우가 많다.

　기름값은 원유도입 관련 비용, 관세 등 정부 부과금, 정제비로 이루어진 세전 공장도에 교통세 등의 세금과 유통업자들의 유통비용이 더해져 결정된다. 주유소를 자기 땅으로 시작하여 임대료도 안 나가고 빚도 없어 이자비용이 적다면 가격을 낮출 수 있지만 정유회사에서 담보대출을 받아서 시작한 사업자의 경우 금융비용 부담과 임차료 부담으로 가격을 낮추는 것이 어렵다.
　그래서 저가 주유소들의 공통점은 기름값으로만 승부한다. 즉 커피·물·티슈 등 기본 사은품만 제공해 판촉비 거품을 빼고, 어떤 주유소는 경품 자체를 없앤다. 고객에 대한 최고의 서비스는 '싼 가격'이라고 생각하는 것이다.

　기름을 팔아서 벌어들이는 마진이 겨우 3~5퍼센트 정도밖에 되지 않고 또 기름값은 항시 변동하니 자칫 판단을 잘못하면 적은 마진율로 어렵게 얻은 이익이 조금만 유가가 올라도 쉽게 날아가버렸다. 그래서 강주원 사장은 주유소가 돈을 벌려면 기름탱크를 크게 짓고 유가가 떨어졌을 때 많이 구입해두었다가 유가가 오르면 파는 전략을 취해야 한다고 강조했다. 물론 기름이 쌀 때 사려면 여유자금이 있어야 하는 것은 당연했지만 매입채무의 지급기일에 따라서 원가가 달라지는 구조였기 때문에 대금 지급 방식이 무엇인지에 따라서도 원가 차이가 많이 난다고 했다. 실제로 주유소에 기름을 공급하는 정유회사에서는 납품대금 지급기일에 따라서 할인율을 다르게 정했다. 따라서 주유소 입장에서는 빨리 지급하면 원가를 절감할 수 있었다. 우리는 차입금을 빌려서 매입채무를 갚을 경우를 비교하는 시뮬레이션을 해보았다. 매입채무를 미리 갚으면 그만큼 원가절감 요인이 있다. 그러나 차입을 하게 되면 이자비용이 나가니 이자비용 증가와 원가절감 중 어떤 것이 더 회사에 이익일지를 분석해보았다. 결국 원가절감이 이자비용보다 더 이익이 크다는 결과가 나와 돈을 차입해서 외상대금을 빨리 지급하는 방법으로 원가 가격을 낮추었다.

강주원 사장은 항상 지갑에 100만 원짜리 수표를 가지고 다녔다. 그리고 차 안에는 수백만 원의 현금을 놓아두었다. 처음에는 강주원 사장이 돈이 많아서 그런다고 생각했다. 그러던 중 우연히 강 사장 부부와 함께 의류매장에 함께 갔다가 그 이유를 알게 되었다. 그 날 강주원 사장 부인은 30만 원 정도 하는 골프웨어를 골랐고 강주원 사장은 옷을 결제하기 위해 카운터로 가서 지갑을 꺼냈다. 지갑을 꺼낼 때 일부러 가게 주인이 잘 볼 수 있도록 천천히 돈이 있는 곳을 펴 보였다. 항상 그렇듯이 지갑 안에는 역시나 100만 원짜리 수표가 있었다. 수표를 꺼내는 척 하다가 강 사장은 이렇게 말했다.

"100만 원짜리 수표밖에 없네요. 그냥 카드로 해야 하겠네요."

그는 수표를 도로 지갑에 넣고 카드를 꺼내서 결제를 하려고 했다. 노련한 가게 주인은 카드보다는 수표를 받는 것이 자신에게 어느 정도의 이득인지 금방 파악했을 것이다. 카드 수수료에 부가가치세까지 내려면 최소 15퍼센트는 손해다. 게다가 카드는 소득이 노출되어 그만큼의 소득세도 내야 한다. 가게 주인은 이렇게 말했다.

"수표로 하시면 25만 원에 해드릴게요."

강주원 사장은 카드를 다시 집어넣고 수표로 결재했다. 100만 원짜리 수표를 보여준 행동 하나로 5만 원을 그 자리에서 깎은 것이다. 강주원 사장이 수표를 보여준 것은 현금이 있다는 것을 가게 주인에게 알려주며 현금이 있음에도 불구하고 카드로 결제하겠다는 암시였다. 가게 주인은 강주원 사장의 주머니 사정을 보고 얼른 협상카드를 꺼냈다. 그리고 그것은 강주원 사장이 의도한 결과였다. 나중에 물어보니 그가 100만 원짜리 수표를 가지고 다니는 또 다른 이유는 지출을 통제하기 위한 것이라고 했다. 만 원짜리 돈은 쉽게 써지는데 100만 원짜리 수표는 깨기가 싫어서 돈 쓰고 싶은 욕구를 억누를 수 있다는 것이다.

　이러한 것은 돈을 먼저 지급하는 경우에 반드시 그에 대한 대가를 받는 기술 중 하나다. 현금지출은 외상매입에 비해서 상당한 혜택을 얻을 수 있는 기회다. 좋은 물건을 먼저 매입할 수도 있고 외상매입에 비해 더 싼 가격으로 살 수도 있다. 현금이 없으면 사지 못할 물량을 먼저 매입할 수 있는 기회도 많이 온다. 현금관리를 해서 적정 현금을 항상 가지고 있다면 바로 이런 기회를 잡을 수 있다.

| 운전자본 |

받고 나서 쥐라

경영에 필요한 현금관리의 원칙은 '받고 나서 주는 것'이다. 만약 판매를 외상으로 했다면 구매도 외상으로 해야 한다. 여기서 오해하지 말 것은 지급시기를 질질 끌어서 남에게 줄 돈을 늦게 주라는 의미가 아니다. 이것은 물건이나 서비스를 판매한 돈을 빨리 받고 나서 매입대금이나 비용을 지급하라는 것이다. 핵심은 받는 것이 먼저고 지급하는 것은 나중이라는 사실이다. 그래야 현금에 부족함이 없게 된다. 대형마트 같은 대기업들은 수입은 현금으로 받고 지출은 나중에 한다. 대기업으로 흘러들어오는 거대한 현금 물줄기를 예상해본다면 그 막대한 현금에서 발생하는 이자만 해도 엄청나다는 것을 알 수 있다. 이것이 현금경영의 경제 원리다.

그러나 막강한 힘을 가진 대기업과 소매업처럼 현금장사를 하는 몇몇 업종을 제외하고 대부분의 장사는 판매를 하고 나서 대금을 받는 것은 한참 뒤에 이루어진다. 우리가 흔히 판매를 했는데 대금을 받지 못한 것을 '외상'이라 한다.

판매하기 전에는 판매자가 칼자루를 잡고 있지만 판매가 이루어지고 나면 매입자가 칼자루를 쥐게 된다. 즉, 받고 나서 주려면 회수를 빨리 해야 하고 이 기간을 가급적 줄이는 노력이 필요하게 된다.

그 다음에 필요한 것은 지불시기를 외상대금 회수 시점 이후로 연기하는 것이다. 대부분 장사에서는 월말에 지불을 하는 경우가 많은데 이 시기를 늦출수록 현금에 여유가 생긴다.

금성식품은 닭고기와 오리고기를 납품하는 회사다. 몇 년 전만 해도 매출이 1~2억 원 정도였는데 남자 사장과 여자 사장이 동업을 하면서 남자 사장은 부지런하게 영업을 하고 여자 사장은 내부 관리 업무를 맡아 급속도로 규모를 키웠다. 그 결과 몇 년 만에 매출액이 60억 원이 넘어갈 정도로 규모가 커졌다. 하지만 규모에 비해 내부 관리는 매출이 1~2억 원일 때의 수준을 벗어나지 못하고 있었다. 사무실에 가보면 항상 뭔가 정신없이 일을 하고 있어서 사장과 미팅한다는 자체가 거의 힘들 정도였다. 계속 거래처에서 연락이 오고 바쁜 상황임에도 불구하고 생산현장 직원이 그만두어서 여자 사장이 직접 생산을 맡아 일하고 있었다. 두 사장은 사는 게 사는 것이 아니라고 푸념 섞인 말을 했다. 매출이 적을 때는 거래처만 많이 늘면 좋겠다고 생각했는데 거래처가 늘어나고 보니 또 다른 고민거리가 생겼다. 아무리 바빠도 돈이 많이 모이면 행복한 고민일 것 같은데 사정은 정반대였다. 통장에 돈이 들어오는 규모가 커졌지만 돈이 나가는 규모도 커졌다. 회사는 커졌지만 모이는 재산은 그대로였고 회사 규모와 함께 빚만 커졌다. 그 이유를 보니 물건은 열심히 납품하는데 납품대금 관리는 전혀 되어 있지 않았다. 거래처에 얼마나 납품이 되고 얼마나 받을 것이 있는지를 파악하지 못하고 있었다.

직원들한테 외상대장의 가장 큰 문제점을 들어보았더니 직원들은 입을 모아 어떤 거래처에서 얼마의 금액이 언제 입금되었는지 실시간으로 파악하는 것이 힘들다고 했다. 거래처가 600곳이 넘었으니 거래처별로 100만 원씩만 외상대금이 있다고 쳐도 6억 원이 넘는 외상대금이 깔리게 되는 상황이었다. 거기에 수천만 원의 외상대금이 있는 악성거래처들이 몇 곳 있어서 실제 외상대금은 10억 원을 넘어갔다.

매주 거의 일정한 수량을 납품하는 형태이므로 거래처 대장을 수기로 만들어놓고 고객별로 매월 외상대금이 언제 들어왔는지를 수기 대장에 적고 있었다. 외상대금 대장의 양식은 회사별로 다를 수 있지만 금성식품의 가장 큰 문제점은 이 대장을 직원들이 실시간으로 볼 수 없다는 것이었다. 그러면 직원들은 실제 현금입금내역에 둔감해지고 얼마가 입금되는지는 상관없이 거래처 수가 많은 것을 기준으로 자신의 업무를 판단해버린다. 직원 한 명이 장부 정리를 맡고 있었지만 자료를 정확하게 만드는 데 너무 열심인 나머지 이 자료를 이용해야 할 임직원들에게 회계자료가 너무 늦게 전달되어 버리는 것도 문제였다.

우선 외상대금을 빨리 회수하기 위해서는 현금 회수 내역을 실시간으로 알 수 있어야 했다. 파악을 해보니 매출이 크다 하더라도 거래처 600곳이면 하루에 입금되는 횟수가 20~30곳 내외로 그렇게 많지 않았다. 나는 무엇보다 금성식품이 먼저 실시간으로 누구나 볼 수 있는 외상대금 대장을 만들어야 한다고 생각했다. 가장 먼저 떠오른 것은 ERP(Enterprise Resource Planning, 전사적 자원관리)를 구입해서 인트라넷을 통해 입금내역을 확인하는 방식이지만, 소기업에서 ERP를 구축하는 것은 부담이 크게 될 수 있었다. 그래서 생각해낸 것이 인터넷에서 자주 이용하는 카페의 게시판이다. 다행히 무료로 이메일과 웹하드까지 지원하는 곳을 알아냈고 이를 이용해 금성식품만의 인트라넷을 쉽게 구축했다. 그리고 직원에게 통장입금내역을 매일 오전 오후로 나누어서 실시간으로 올리도록 했다. 올리는 것도 통장을 체크할 시간이 걸리기 때문에 얼마 후부터는 통장입금내역을 문자메시지로 받는 서비스를 신청하여 직원들의 핸드폰 번호를 등록시켰다. 통장에 입금이 되면 직원들의 핸드폰 문자메시지로 거래처명과 입금금액이 통보되는 서비스다.

  이를 통해 금성식품은 실시간으로 현금입금내역을 전 직원이 알 수 있게 되었고 이것은 대금 회수 효율성을 높였다. 대금 회수율은 이전에 비해 2배 이상 높아졌다.

  한 달에 한 번씩은 통장입금내역만 인터넷에서 다운받아 그대로 올림으로써 전 직원들이 인트라넷 게시판의 입금내역과 실제 통장의 입금내역을 크로스체크하게 했다. 그러자 입금내역 누락 가능성도 크게 줄었다. 또 회사통장의 입출금내역을 조회하는 간편 조회 서비스를 이용해 언제든지 직원들이 입금내역을 확인할 수 있게 되자 자연히 직원들은 현금매출에 신경을 쓰게 되었다.

  전에는 경리직원으로부터 받던 미수금 리스트를 직원들이 스스로 체크하게 된 것도 큰 변화였다. 엑셀프로그램을 이용해서 자기가 관리하는 거래처 리스트를 만들고 청구해야 할 금액과 인트라넷의 입금내역을 체크하여 미수금 내역을 정리했다. 그러면서 담당 직원들도 수수료가 악성화되는 것을 방지하면서 일 처리를 하기 시작했다.

지출결의서 절차 또한 바꿨다. 종전에는 물품을 구입하는 경우 담당 직원에게 구두, 또는 서류로 요청하면 이 담당 직원이 견적을 받아오고 비교하여 지출결의서를 올린 다음 결재가 나면 청구를 하는 방식이었다. 담당자가 물품구매를 일괄해서 처리하여 업무를 집중화시키면 효율성이 높아지고 물품 구매단가도 절약할 수 있다는 장점이 있다.

그런데 문제는 물품구매를 하는 데 너무 많은 시간과 비용이 소요된다는 것이다. 직원들은 그 물건이 당장 필요한지 아닌지에 관계없이 편하게 구매 담당자에게 물품구매를 요청하곤 했다. 어차피 물품구매 업무를 맡은 사람이 있으므로 나머지 직원들은 필요한 물건을 구매해달라고 말만 하면 되었다. 그러니 자연스럽게 필요한 것보다 더 많이 청구하게 되는 경향이 생겼다. 또한 담당자는 매일매일 요청이 올 때마다 즉시 처리해주기 위해서 하루에도 몇 번씩 물건을 구매하러 다니고 있었다.

금성식품은 자기가 필요한 물건은 직접 지출결의를 하고 구매하도록 바꾸었다. 처음에는 이 방식이 비효율적이라는 의견도 많았지만 결과적으로는 성공적이었다. 직원들은 구매를 하고 지출결의서를 작성하는 절차가 복잡하다고 느껴 귀찮아서라도 어지간한 것은 참고 지냈다. 총체적으로 비용의 규모가 줄어든 것이다. 원래 다른 사람을 시켜 사오라고 말하는 것은 쉽지만 자기가 직접 구입하려고 하면 급한 게 아니고서야 참게 된다. 더욱 중요한 장점은 아무도 매일매일 물품을 구매하러 다니지 않게 된 점이었다. 자신의 본업을 처리할 시간을 빼앗기기 때문에 저절로 한 달에 한두 번 정도 시간을 내 몰아서 물건을 구매하게 되었다. 회사에서도 지출결의서를 매월 말에 올리도록 규정을 바꿔 회사에서 자금이 집행되는 날짜는 항상 매월 마지막 일로 지정을 해두었다. 그래서 월초나 중순에 지출결의서를 올리더라도 우리는 매월 말일 결재를 고수했고, 결과적으로 지출결의서는 매월 말에 한 번만 올라오게 되었다.

지출결의서가 매일 올라오는 것과 매월 말에 한 번 몰아서 올라오는 것의 차이는 누구나 알 것이다. 회사 입장에서는 매월, 매년 얼마의 비용이 어떻게 나가는지를 머리에 꿰뚫고 있어야 하는데 매일매일 돈이 나간다면 별도의 보고서를 통하지 않고서 이것을 파악한다는 것은 정말 힘들다. 그러나 매월 말일에만 지출결의서가 올라온다면 한 달에 얼마의 운영비가 들어가는지 누구나 알 수 있게 된다.

그리고 직원들은 스스로 예산까지 짤 수 있게 되었다. 평소에는 지출결의서를 올려도 자금집행이 안 되기 때문에 매월 말 지출결의서를 올릴 때 다음 달 필요한 물품을 미리 파악하여 지출결의서를 작성하는 습관이 생겼다.

월말 지출의 경우 필요한 물건은 미리 예측을 해서 구매해야 하고 불필요한 것은 구입하기 어려워진다는 장점도 있지만, 매월 말에만 결재가 이루어지기 때문에 '갑자기 반드시 필요한 물건이 생겼는데 이런 것은 어떻게 처리해야 하는가?' 하는 의문이 들 수 있다. 예측하지 못한, 갑자기 필요한 물건도 월말까지 기다려 구입해야 한다고 생각하기도 한다. 그러나 이것은 문제가 되지 않는다.

필요한 물건은 아무 때나 살 수 있다. 다만 자금집행만 월말에 된다는 것이다. 사실 물건을 구매할 때 현금이 꼭 필요한 곳은 소매점 외에는 별로 없다. 지금 당장 돈을 지불하지 않는 것이 문제가 아니라 약속한 날짜에 돈을 지급하지 못하는 것이 문제다. 말일에 결재하기로 약속해놓고 약속을 지키면 물건을 판매한 사람은 신뢰를 얻게 된다. 그런데 대부분의 직원들은 신뢰를 얻기 위해 물건을 구입하면서 즉시 현금을 지급해야 하는 것으로 착각하곤 한다.

이후 금성식품은 2가지 변화를 겪게 되었다. 첫 번째로 수입 쪽에서 실시간으로 입금내역을 조회할 수 있게 되었다. 또 수수료 청구는 매월 20일에 하기로 했다. 매월 20일로 고정한 것은 목표 회수일이 매월 말일이었기 때문이다. 매월 말일까지 납품대금을 받으려면 최소한 20일에는 청구서를 보내고 약속날짜를 25일 이전으로 받아내야 한다. 약속날짜를 한두 번 어기는 고객들이 많기 때문에 이런 고객들까지 감안하면 20일도 빠듯한 일정이다. 사람은 보통 말일에 긴박감을 갖는다. 말일까지는 뭔가 마무리를 해야 한다는 느낌이 든다. 또 같은 이유로 말일까지 일을 미루는 습관이 있다.

말일까지 대금을 받기 위해 노력하는 것과 매월 5일까지 대금을 받기 위해 노력하는 것은 실제로 효과 면에서 차이가 많다. 말일에는 고객들도 외상대금 청구 노력을 당연하게 생각하고 대금결재를 하려고 하는 분위기지만 월초로 넘어가게 되면 외상대금 이야기를 하는 것을 불편하게 여기는 분위기로 변한다. 이미 정산은 저번 달에 끝났어야 하는데 월초부터 또 돈 이야기를 하니 맥이 빠진다고 생각하게 되고 다시 핑계거리를 만들어낸다.

"이달 말까지 줄게요."

목표로 한 회수기일을 말일에서 5일 늦췄을 뿐인데 실제 대금입금일은 한 달이 늦춰지는 셈이다. 매출대금 청구는 말일까지를 목표로 하고 말일까지 회수하려고 노력해야 한다.

두 번째로 지출일자를 매월 말일로 정하니 실제로 얼마나 돈이 나가는지를 쉽게 알 수 있게 되었다. 여기서 더욱 중요한 것은 돈이 들어온 다음에 자금을 집행하겠다는 의도를 보여주는 것이다. 그러기 위해서는 매월 말일까지 수수료를 회수하겠다는 목표를 세우고 나서 매월 말일 늦은 오후에 지출결의서의 금액을 집행하면 된다.

　돈을 빨리 주지 않으면 왠지 불안하고 신용에 문제가 생길 것 같아서 판매처에서 청구서가 오는 즉시 돈을 지급하려는 반면 고객으로부터 받을 돈은 그다지 신경을 쓰지 않는다면 문제가 있는 것이다. 많은 사장들이 간간이 청구서만 보내고 돈이 안 들어오면 현금이 부족하니 판매를 늘리라고 판매부서를 재촉한다. 그래도 안 되면 차입을 하거나 자기 돈을 회사에 계속 부어넣는다. 그러다 보니 항상 돈이 없는 것이다. 주고 나서 나중에 받으면 그 시간차만큼 운전자본이 필요하게 되어 돈이 묶인다. 반대로 받고 나서 주면 운전자본이 필요 없게 되어 내 돈이 묶이지 않고 오히려 그 시간만큼 여윳돈이 생긴다. 매출은 현금으로, 매입은 외상으로 하는 장사처럼 운전자본을 최소로 하거나 마이너스로 만드는 것이 현금관리의 목적이다. 매출채권과 재고자산에 돈을 묶어놓지 않는 것이 현금경영의 핵심이다.

:: 장사의 1급 비밀 ::

매입시기와 구매시기만 조정해도 운전자본이 두둑해진다!

1. 외상으로 팔면, 외상으로 사라

매입하고 곧바로 팔아서 현금회전이 되면 최상이지만 매입은 현금으로 하고 판매는 외상으로 하면 현금이 부족하게 되고, 매출이 늘어나면 늘어날수록 운전자금의 부족을 겪는다. 따라서 판매를 외상으로 하면, 구매도 외상으로 해야 한다. 현금 유동성을 좋게 만드는 방법은 지출시기를 늦추는 것이다. 현금수입은 조절 못해도 현금지급은 조절할 수 있다. 돈 주는 것보다 돈 받는 것이 훨씬 힘들고 약자일 수밖에 없다는 것은 누구나 아는 상식이다. 그런데도 현금지출 권한을 상대편에게 빼앗겨버리는 경우가 많다. 항상 '받고 나서 준다'라는 현금장사의 기본을 기억해야 한다.

2. 지출횟수를 줄여라

지출횟수를 줄이면 한 달 동안의 현금지출 규모를 파악하기가 쉽다. 지출 일을 하루로 고정하면 특별한 회계자료가 없어도 지출 날짜의 통장만 보고 회사의 지출 규모를 알 수 있다. 한 달 동안의 지출 규모는 현금관리에 아주 중요한 정보가 된다. 언제까지 얼마를 회수해야 지출에 문제가 없는지를 파악할 수 있고 지급 기준을 수정하여 기일을 뒤로 미루면 예금잔액이 늘어난다.

3. 먼저 지급하는 경우 대가를 받아내라

현금매입은 많은 혜택과 기회를 가져온다. 좋은 물건을 구입할 수 있는 우선권을 가질 수도 있고 더 싸게 구입할 수 있는 기회도 잡을 수 있다. 이러한 기회를 잡으려면 현금으로 매입할 수 있도록 현금을 비축하는 현금관리가 되어야 한다.

| 통장관리 |

수입과 지출을 일목요연하게 만들어보라

 박명수 법무사는 15년 정도 사업을 운영해왔다. 항간에는 박 법무사가 너무 사람이 좋아서 직원들이 회사를 잘 나가지 않는다고들 했다. 창립멤버가 전부 남아 있어서 가장 막내직원이 15년차였으니 직원들이 얼마나 오래 다녔는지 알 수 있었다. 그래서 직원 문제로 고생하는 다른 법무사들은 박명수 법무사를 무척이나 부러워했다. 또 전문직 업종들이 공통적으로 갖는 가장 큰 고민이 직원 채용 문제라서 직원 고민을 하지 않으면 잘되는 회사라는 통념도 있었다. 그런데 나는 소문과는 조금 다른 사실을 박명수 법무사의 부인을 통해서 듣게 되었다. 잘나가는 공인중개사였던 부인의 말로는 자신이 공인중개사를 시작하게 된 계기가 남편 때문이었다는 것이다.

"법무사님 회사는 직원 걱정이 없다고 들었습니다. 혹시 그것이 공인중개사를 한 것과 무슨 상관이 있나요?"

부인은 내 질문을 듣고는 얼굴이 창백해졌다.

"남편이 하도 돈이 없어서 제가 생계를 유지하려고 공인중개사를 시작했습니다."

"아니, 잘나가는 법무사라고 알고 있는데요?"

"남편의 회사를 다니는 직원들은 경력이 많기 때문에 월급이 굉장히 많아요. 직원들이 회사를 나가지 않는 진짜 이유는 자기가 퇴직해도 회사에서 퇴직금을 지급할 여력이 없다는 걸 알아서일 겁니다."

15년이나 다녔으니 개인별 퇴직금이 꽤나 될 것이다. 그런데 그 퇴직금을 지급할 돈이 없어 회사에서는 퇴직을 시키지도 못하고 직원들 또한 퇴사를 하지도 못하고 있는 상황이었다. 직원이 퇴직하면 퇴직금을 지급해야 하는 것은 기본이다. 매월 급여의 10퍼센트 정도를 나중에 퇴직금으로 돌려주는 것이다. 그래서 회계에서는 1년마다 한 달 급여 정도에 해당하는 퇴직급여충당금을 쌓아두라고 조언한다. 물론 이것은 현금을 쌓아두는 것이 아니라 단순히 부채로 잡는 회계처리 방식이다. 한 달 급여 정도의 퇴직급여충당금을 설정하면 이것은 퇴직금이라는 비용으로 처리되어 이익을 줄이게 되고 이익이 줄어드니까 다른 목적으로 이익을 사용할 수 없게 된다. 결국 퇴직금으로 지급할 재원을 마련하기 위해서 이익을 퇴직금으로 전환시켜놓는 방법을 쓴 것이다. 회계만 철썩 같이 믿고 이렇게만 처리하는 회사가 많다. 그러나 이것은 엄청난 오류다. 이익과 현금이 다르다는 것은 알고 있을 것이다. 이익을 퇴직급여충당금으로 적립해놓았다고 해도 현금을 적립해놓은 것은 아니다. 회사에 돈이 없으면 아무리 많은 퇴직급여충당금도 의미가 없다.

박명수 법무사는 카드를 사용하면 이와 비슷한 문제가 발생한다는 사실을 깨달았다. 누구나 카드를 사용하는 사람들이라면 한 달 동안 사용한 카드 값을 결재할 때 부담감이 든다. 그럼에도 불구하고 카드를 쓰기 쉬운 것은 당장 돈이 나가는 것이 아니라 한 달 후 결재일에 돈이 나가기 때문이다. 현금지출에 무뎌지는 것이다. 그래서 박명수 법무사는 어느 순간부터 카드를 사용하지 않기로 마음을 먹고 매일 카드사용액만큼 카드 결재통장으로 현금을 이체시켜놓았다. 즉 카드 사용 자체가 한 달 후에 갚아야 할 부채이고 그래서 미리 현금이 나간 것처럼 통장관리를 한 것이다. 이런 습관이 자리 잡고 나서는 아예 카드를 사용하지 않게 되었다.

한편 회계원리의 중요성을 실감한 박명수 법무사는 인건비 구조도 바꿨다. 매출이 아무리 늘어도 비용이 줄어들지 않는다면 벌이가 적을 수밖에 없다는 사실을 깨달았다. 그렇다고 비용을 줄이면 실력 있는 사무장을 영입하기가 어려웠다. 실력 있는 사무장들은 월급이 높은데 매출은 기복이 심하니 자칫 사무장들을 영입하면서 회사를 키우다가 매출이 줄어들기라도 하면 자금부담이 되기 쉬웠다. 그래서 고정비를 변동비로 바꾸기로 했다. 즉 사무장들을 직원으로 영입하지 않고 파트너로 영입해서 매출을 나누는 것으로 인건비 구조를 바꾼 것이었다. 한 달 매출이 4000만 원인데 인건비로 2500만 원이 나가면 한 달에 1500만 원의 현금이 법무사 자신에게 남았다. 그러나 매출이 2500만 원 이하로 떨어지게 되면 인건비는 2500만 원에 고정되어 있어 그만큼 현금적자가 발생할 수밖에 없었다. 그래서 인건비를 매출과 비례하게 만들었다. 현금매출을 사무장들과 5:5로 나누고 사무실 관리비는 박명수 법무사가 부담하기로 했다. 직원 인건비는 사무장들이 각자 자기 직원들의 인건비를 부담했다. 자금은 박명수 법무사가 관리하고, 인건비를 부담하는 사무장들은 인사에 대한 권한을 나눠가졌다. 그렇게 사무장들을 운영하니 사무장이 5명 정도까지 늘어났고 각 사무장들이 한 달에 1000~1500만 원 정도의 현금매출을 올려주어 박명수 법무사에게는 한 달 매출이 3000만 원 정도가 떨어졌다. 법무사 사무실 관리비라고 해봐야 한 달에 200~300만 원밖에 되지 않기 때문에 현금매출 대부분이 남게 되었다. 또한 사무장들은 자신이 벌어들인 만큼 자신의 몫이 커지므로 각자가 사장처럼 움직였고, 직원을 최소로 하고 자신들이 최대한 뛰어다니면서 일하여 월급받는 다른 사무소보다 2~3배 높은 수입을 거두었다.

박명수 법무사는 1년에 한 번 또는 수년에 한 번씩 지출되는 금액은 미리 금액을 예상하여 매월 일정액을 적립해나갔다. 가령 퇴직금이 나갈 것이라는 것을 알았다면 당연히 미래에 퇴직금으로 지급할 금액만큼을 매월 퇴직금 통장에 자동이체를 시켜놓는다. 그러면 퇴직하더라도 퇴직금 통장에서 지급하면 되니 걱정이 없다. 그래서 요즘은 많은 회사들이 퇴직연금에 가입하거나 퇴직금 중간정산을 통해서 미리미리 현금을 지급해버리곤 한다. 나중에 퇴직금 지급을 위해서 목돈이 들어갈 일을 미리 방지하기 위한 것이다.

또한 1년에 한 번씩 지급하는 성과급도 매월 성과급 통장에 적립했다. 1년에 한 번 지급하는 임차료도, 세금도 모두 이름이 붙은 통장에 매월 자동이체를 시켜놓았다. 그래야 회사가 실제 매월 얼마의 현금 흐름이 발생하는지 정확하게 파악할 수 있다. 현금과 이익에 대한 계산이 잘 맞지 않는 이유는 신용카드처럼 미래에 나가는 부채 때문이다. 그래서 되도록이면 신용카드 대신에 직불카드를 쓰거나 현금을 쓰는 것이 장부를 간단하고 쉽게 만드는 방법이다. 이렇게 하면 사용 시점과 지불 시점의 차이에서 오는 장부상의 혼돈을 피할 수 있다.

어떤 사람들은 신용카드를 쓰면 한 달 반 동안 자금활용이 가능하지 않느냐고 되묻기도 한다. 그러나 한 달 차이로 볼 수 있는 금융 이익은 사실 거의 없다. 큰 회사의 경우 그걸 다 모으면 큰 금액이 될지 모르지만, 작은 회사의 경우에는 돈의 흐름을 체계적으로 관리하기 어렵기 때문에 차라리 현금을 써서 현금관리를 하는 편이 더 남는 장사다. 실제 입출금과 장부상 이익의 오차를 줄이려면 현금을 사용하는 것이 더 좋은 방법이다.

대부분 개인이나 회사가 지출에 부담을 느끼는 것은 매월 나가는 경상비보다 목돈이 나가는 큰돈이다. 1년에 한 번 나가는 돈이나 수년 동안 한 번 나가는 돈들이 있는데 갑자기 이런 돈을 내려고 하면 부담이 된다. 이런 목돈들은 처음부터 준비를 해야 하는데 보통 사람들은 평소에는 잊고 있다가 꼭 닥치면 그제야 당황하기 시작한다. 결국 지출관리는 앞으로 나가야 할 돈, 즉 부채를 관리하는 것이 중요하다. 앞으로 수개월 또는 수년 후에 지급해야 할 부채를 뽑아서 그동안 매월 일정 금액을 적금으로 적립해놓았다가 지출하면 된다. 그러면 모든 지출이 매월 나가는 경상적 지출로 바뀌게 되고 현재의 수입과 지출이 일목요연하게 보인다.

언젠가 반드시 지출되어야 하는 부채는 매달 적립을 해놓아야 부채 만기일에 당황하지 않는다. 이것이 진정한 회계의 수익비용 대응 원칙이다. 결국 비용관리는 부채관리나 다름없는 것이다.

| 통장관리 |

감가상각비통장을 준비하고 있는가?

송현석 사장은 아내와 함께 직접 학생을 가르치며 컴퓨터 학원을 운영하고 있다. 송현석 사장은 학원이 줄 수 있는 최상의 기능은 다 배우고 났을 때 취업과 바로 연계시켜줄 수 있는 것이라고 생각했다. 취업처와 학원이 제휴를 맺고 있다면 해당 학원에서 추천을 받기 위해 학생들도 학원을 다닐 때부터 성실하게 임하게 되고 좋은 성적을 얻기 위해서 노력할 수밖에 없었다.

컴퓨터 학원은 평생직업 교육학원 중 한 곳으로 많은 학생들이 국비를 지원받아 학원 수강을 하고자 했기 때문에 자격 요건들을 잘 준비해야 했다. 한편 직장인 같은 경우에는 고용 보험 등을 파악해 심사해서 자격 요건을 보고 국비 지원을 받아 학원에 다니는 경우가 많았다. 그러나 자료를 조사하고 준비하느라 교육에 집중이 안 되는 경우가 많았다.

게다가 최근에는 컴퓨터 학원의 수강생이 절대적으로 줄어들어 몇 년 전의 절반 수준도 안 되었다. 젊은 학생들이 컴퓨터를 제대로 배우기보다는 자격증 취득 목적으로 다니는 경우가 많아 즐거움보다는 의무감으로 배우게 되고 그래서 흥미를 많이 잃어버리는 것이었다.

송현석 사장은 진짜 컴퓨터를 배우려면 자격증보다는 프로그래밍을 배우면 좋겠다고 했다.

"요즘 같아서는 학원 강사보다는 사무실이나 관리해주면서 살고 싶다는 생각이 들어요. 사무실에서 프로그래밍을 조금만 해주면 업무를 효율적으로 하는 방법들이 있거든요. 이런 프로그램을 만들어주고 매월 A/S 비용을 받으면 학원보다 나을 것 같다는 생각이 드네요."

우리 회사에서도 신고를 하기 위해 현황표를 만들 때 엑셀로 작성해 클라우드 서비스에 올려서 공유하고 있었는데 어떤 것이 최종 보고서인지를 확인하는 데에 불편한 점이 있었다. 그래서 직원별로 자신이 수행한 업무를 현황표에 반영하고 공유할 수 있는 프로그램이 있으면 좋겠다는 생각을 하곤 했다. 만약 송현석 사장이 사무실 관리 프로그램을 만드는 사업을 한다면 내가 첫 번째 고객이 되어주겠다고 했다. 이런저런 푸념을 하면서도 송현석 사장은 강의가 자신의 천직이라는 생각을 하고 있어서 현재 하는 일을 그만두지는 못했다.

그는 요즘 컴퓨터가 느리고, 다운도 잘 되어서 교육을 하는 데 애로가 많다고 했다. 원래 학원 컴퓨터는 그렇게까지 사양이 좋은 컴퓨터를 사용할 필요가 없었다. 학원에서는 여러 사람이 컴퓨터를 사용하지만 정해진 프로그램만 사용하고 다른 목적으로는 사용하지 않기 때문에 생각보다 컴퓨터가 고장 날 일은 별로 없다. 하지만 송현석 사장이 창업한 지 5년이 다 되었기 때문에 창업할 때 구입한 컴퓨터도 교체할 시기가 된 것이다. 견적을 뽑아봤더니 한 대당 100만 원 정도 비용이 들었다. 교육을 위해서는 빨리 구입을 해야 했지만 갑자기 생각지도 않았던 돈이 들어가게 되니 송 사장 입장에서는 약간 부담이 되었다.

송현석 사장은 컴퓨터를 구입하기로 하고 당장 은행에 가서 만기 5년짜리 컴퓨터 통장을 만들었다. 한 달에 50만 원씩만 적립해도 1년이면 600만 원이고 5년이면 3000만 원이 되므로 컴퓨터 30대 정도는 너끈히 구입할 돈이다.

결국 거꾸로 생각해보면 매월 50만 원의 컴퓨터 이용료를 내고 있는 것이나 다름이 없다. 이것을 회계 용어로 감가상각비라고 한다. 즉 자산의 가격을 내용연수로 나눈 금액을 비용으로 기록하는 방식인데, 감가상각비를 계상하는 것은 비용을 적절하게 기록하기 위한 목적도 있지만 감가상각비만큼 이익을 줄이면 그만큼의 이익을 다른 데에 사용하지 못하게 되어 자연스럽게 유보시키는 목적도 있다.

그러나 이것은 장부상의 이익이 유보되는 것일 뿐 실제 현금이 적립되는 것은 아니므로 이에 상당하는 금액을 통장에 적립해놓아야 다시 자산을 재투자 할 때 자금부담이 되지 않는다. 송현석 사장은 이 기회에 세금통장, 고용산재보험통장, 상여금통장 등을 만들었고 개인적으로는 여행적금통장, 교육통장, 카드통장 등을 만들었다. 이런 통장들은 매월 사용되는 경상비용이 아니라 1년에 한 번 또는 2년에 한 번 정도 나가는 지출을 매월 적립하는 목적용 통장이다. 송현석 사장은 비품통장을 만들면서 자동차통장도 하나 만들었다. 지금 타고 있는 차가 7년이 넘었으니 앞으로 길어야 5년 정도 탈 것인데 5년 후에 지금의 차를 다시 사기 위해 목돈을 비축해두려는 것이었다.

송현석 사장은 현재의 수준을 유지하기 위해서는 자산에서 비용으로 바뀌는 만큼을 나중에 다시 채워야 하므로 이에 상당하는 돈을 미리 적금통장에 넣어두어야 한다는 것을 깨닫고 이를 실천했다. 이것은 구입비용에 해당하는 돈으로 나중에 반드시 지급해야 하는 자산가치 감소분(감가상각비)에 해당하는 셈이다.

정성진 원장은 시내에서 조금 떨어진 변두리의 아파트 단지에서 소아과 병원을 운영하고 있다. 보통 시내에 병원이 많지만 정성진 원장은 입지에 대해 생각이 남달랐다. 소아과는 어린 아이들이 온다. 어린 아이들이 많은 곳이라면 결국 30대 초중반 부모들이 사는 곳이 좋다고 생각했고 그 정도 젊은 부부들이라면 자금여력이 많지 않기 때문에 변두리의 20평대의 아파트에 많이 살 것이라고 생각했다. 변두리기 때문에 건물 임대료도 저렴하고 운영비가 적게 들어가니 마진도 괜찮을 것이라는 판단이었다.

정성진 원장은 예상대로 나름 괜찮은 수익을 올리고 있었는데 문제는 의료장비였다. 정성진 원장은 이렇게 말하곤 했다.

"의사의 실력은 의료장비에서 결정됩니다. 그리고 의료장비는 사람보다 더 믿음이 가요. 사람은 떠나지만 의료장비는 남아 있거든요. 그만큼 최신 의료장비를 갖추어야 해서 대출을 받았어요."

5억 원에 해당하는 의료장비를 적어도 5년에 한 번 정도는 교체해주어야 하니까 자금부담이 될 수밖에 없었다. 그러나 정 원장은 감가상각비라는 어마어마한 보험료를 무시하고 있었다.

5억 원의 의료장비를 5년에 한 번씩 교체해야 한다면 매년 1억 원씩, 한 달에 800만 원 정도의 보험료를 적금으로 들어놓았어야 했다. 그리고 5년 후에 만기된 적금으로 의료장비를 구입한다면 의료장비 구입을 위해 대출을 받지 않아도 된다. 그런데 감가상각비를 무시하고 돈을 모두 써버린 다음에 재투자하려고 하니까 돈이 부족한 것이다. 감가상각비처럼 자산은 시간이 가면서 비용으로 바뀐다. 자산을 유지하려면 비용으로 바뀐 만큼 보험을 들어놓아야 하는 것이다.

회사에서 많은 매출을 올렸는데도 항상 통장에 돈이 없다고 푸념하는 사장들을 보면 대부분 지출 관리가 잘 안 되는 경우가 많다. 그래서 매월 경상비로 나가는 돈은 통장에서 자동이체를 시켜놓고, 비경상적으로 나가는 돈 중에서 앞으로 지급해야 할 돈은 자산가치 감소분(감가상각비)이므로 통장에 적립시켜두어서 매월 지급한 효과를 거두는 방식을 사용하는 것이 좋다. 이런 방식은 갑작스럽게 큰돈이 지출될 때의 부담감을 상당 부분 줄여준다. 명심할 것은 모든 자산은 시간이 가면서 결국 비용으로 바뀌므로 그만큼 채워주어야 한다는 것이다.

내가 사는 아파트는 처음 준공할 때 분양을 받아 지금까지 10년을 살았다. 얼마 전 반상회에서 도색을 다시 해야 한다는 이야기가 나왔다. 우리 아파트는 나 홀로 아파트에 30여 세대가 사는데 견적이 4000만 원 이상 나와 한 세대당 130만 원 정도의 부담금이 생겨버렸다. 세대별로 형편이 다르니 130만 원은 너무 부담이 크다는 의견이 속출했다. 무엇보다 이사한 지 얼마 되지 않은 세대는 충격이 컸다. 이사 온 지 한 달밖에 안 되었는데 관리비가 130만 원이나 나오게 생긴 것이다. 이들은 첫 반상회 때 관리비가 130만 원이나 나온 사실에 눈이 동그래졌으나 곧 자치회장의 말에 안심했다. 처음 입주할 때부터 이런 준비를 미리 해두었던 것이다. 아파트가 분양되면 입주자협의회가 구성되고 관리비를 책정하게 된다. 관리비에는 전기료, 수도료 등의 공과금, 관리인 인건비, 청소 용역비 등 매월 경상적으로 나가는 비용이 포함된다. 한편 관리비에서 빠지지 않는 것이 건물수선충당금이나 퇴직급여충당금 등인데 충당금이란 미래에 꼭 나가게 되는 돈으로 매월 적립해놓는 돈을 말한다. 가령 앞으로 들어갈 공사비에 외벽 페인트 공사를 10년에 한 번씩 한다면 총 공사비를 예상해서 10년 동안 매월 공사비에 해당하는 돈을 적립해놓는 것이다. 가령 우리 아파트의 경우 4000만 원을 10년 동안 매년 400만 원, 한 달에 33만 원 정도를 적립해왔고 그 만기된 적금으로 공사비를 충당할 수 있었다. 이것은 입주한 세대에게도 형평성이 맞는 일이었다. 입주한 지 10년 된 세대는 10년

분을 부담하고 한 달 된 세대는 한 달분만 부담하면 되는 것이었다. 만약 건물수선충당금을 매월 부과해서 적립하지 않았다면 공사 전에 이사 간 사람들은 공사비를 부담하지 않고 최근에 입주한 세대만 왕창 공사비를 부담해야 하는데 그러면 어느 누구도 이에 대해 수긍하지 못할 것이다. 이렇게 건물수선충당금을 적립하는 원리는 현재 건물 도벽의 내용연수가 10년이라고 보고 10년 동안 감가상각되기 때문에 감가상각비만큼을 적립해놓아야 한다는 것에서 시작한다.

만약 우리 아파트에서 미리 준비를 안 해두었다면 갑자기 130만 원을 내야 하니 부담이 컸을 것이다. 그래서 대부분의 아파트는 감가상각비관리에 능하다. 자신들이 거주한 기간 동안의 비용만 부담하고자 하는 합리적인 사고에 기초한 것이다.

건물이나 비품, 차량 등이 장사를 하는 데 필수적이라면 각 건에 대한 감가상각통장을 만들어야 한다. 감가상각이 끝나면 다시 재투자를 해야 하는데 그때 재투자할 현금이 없을 수도 있다. 그래서 감가상각비를 장부상 비용이 아닌 실제 현금지출처럼 통장에 모아 관리해야 한다.

| 통장관리 |

어떻게 불규칙한 수입을 규칙적으로 만들까?

김민정 선생은 대학교에서 토익을 가르치는 젊은 스타강사다. 수강생이 너무 많이 밀려들어 하루에 9시간에서 11시간을 강의할 정도로 인기가 많다. 김민정 선생 외에도 토익 강좌가 여러 개 있었지만 워낙 그녀의 실력이 좋다 보니 다른 토익 강좌는 다 폐강되고 김 선생 앞으로만 강의가 몰려 있었다. 살인적인 스케줄로 강의를 하고 있었지만 그에 비해 학교에서 받는 월급은 많지 않았다. 어차피 학교에서는 강의시간에 비례해서 돈을 주는 게 아니라 직원 급여를 주고 있었고 별도의 강의 수당이 약간 있기는 했지만 큰 차이가 나지는 않았다. 그래서 김민정 선생은 대학교 앞에 학원을 하나 세워서 학생들을 상대로 토익 강의를 해볼까 하는 생각도 있었다. 그녀는 나에게 학원을 설립하는 것에 대해 조언을 구했다. 나는 기본적으로 사업은 남들과 다른 무엇이 있지 않으면 어렵다고 생각하기 때문에 그녀만의 특별한 점이 무엇인지를 물었다.

"학생들이 선생님 강의를 듣기 위해 몰려드는 이유가 뭐라고 생각하세요?"

그녀는 잠시 생각하더니 이렇게 말했다.

"저는 토익 시험을 매번 보는데 시험이 끝나면 토익 문제를 100퍼센트 복원해내는 능력이 있어요. 그래서 거의 문제를 찍어주며 학생들에게 가르치죠."

나는 문제를 100퍼센트 복원한다는 그녀의 능력에 감탄하며 학원을 열어도 수강생들이 몰려들겠다는 생각이 들었다.

"학원을 해도 될 것 같은데요. 저라면 열겠습니다."

그러자 그녀가 물었다.

"어디에 학원을 내는 게 좋을까요? 대학교 앞에서 할지 시내 중심가에서 할지 고민이거든요"

이는 시장 규모를 자세히 따져봐야 결론이 나는 고민이다. 대학교가 시내와는 좀 떨어져 있었기 때문에 만약 대학교 앞에 학원을 내면 주 대상은 대학생뿐이다. 반면 시내에 내면 대학생뿐 아니라 중고등학생이나 일반인들이 오기에도 좋았다. 일단 김민정 선생이 다니는 대학교의 학생은 1만 명 정도였다. 과연 이 중에서 토익 학원에 몇 명이나 올지 그것이 의문이었다. 토익만 가르치려니 너무 고객층이 한정된다는 단점도 있었다. 일반 생활영어까지 해야 고객층이 넓어지는데 이렇게 하자면 대학교보다는 접근성이 좋은 시내에서 하는 것이 좋겠다는 생각이 들었다. 그러나 나는 이렇게 조언했다.

"대학교 앞에서 하는 것이 좋을 것 같아요. 김민정 선생님의 특기는 생활영어가 아니라 토익이거든요. 테크닉을 가르치는 것이라는 한계는 있지만 현재 토익에 대한 학생들의 욕구는 충분히 충족이 될 겁니다. 무엇보다 선생님이 가진 능력은 다른 사람들이 쉽게 따라 할 수 없는 특기입니다. 생활영어는 다른 학원들에서도 다 하고 있고 선생님의 특기는 아니잖아요. 그럼 토익에 집중하는 것이 좋을 것 같고 그러니까 대학교 앞에 학원을 내는 것이 나을 것 같습니다."

김민정 선생은 내 말을 듣고 자신감을 얻었는지 대학교 앞에 학원을 열기로 마음을 먹었다.

나는 이어 시장성에 대한 개념을 설명을 해주었다. 대학교 앞에는 넓은 건물들이 없어서 의자 50개가 있는 강의실 한 개 정도 규모밖에 없었다. 그러면 전체가 다 찬다고 해도 50명이고 10만 원씩이면 한 달에 500만 원 정도가 된다. 여기에 강좌를 몇 개를 개설할지 조사해보면 일주일에 최대 3개의 강좌가 개설될 수 있었다. 3개 강좌를 개설하면 한 달에 1500만 원 정도의 수입이 나오는데 여기에서

관리비를 빼면 1000만 원 정도는 남길 수 있다. 물론 이것은 강좌가 거의 100퍼센트 찼을 때 이야기지만 나는 그럴 수 있을 것 같다고 확신했다. 대학생의 대부분이 한 번쯤은 토익 학원을 다닌다. 대학교에 있는 외국어 교육관은 연간 8~10회 정도 강좌를 개설하는데 수용할 수 있는 인원도 100명 정도다. 그러면 외국어 교육관에서 수용할 수 있는 학생은 1000명이 채 안 되었다. 대학생 1~4학년까지 1만 명이 토익 학원을 한 번만 다닌다고 쳐도 매년 2500명 정도의 수요가 있는데 외국어 교육관에서 이를 다 수용할 수 없는 것이다. 그러면 나머지 학생들은 토익 학원을 다니던가 아니면 혼자 공부를 해야 하는데 대학교 앞에는 토익 학원이 한 군데도 없었다. 학생들이 시내로 나가서 토익 학원을 다닌다는 것도 어려웠다. 학생들은 수업 사이에 2~3시간 정도 날 때 외국어 교육관에서 토익 강좌를 듣는 경우가 대부분인데 이마저 시간이 안 맞아 못 듣는 학생들이 많았다. 그런 학생들 1500명 정도가 전체 연간 토익 학원에 대한 잠재 시장 규모였다. 그러면 이 학생들이 10만 원씩 내고 학원에 오면 매년 1억 5000만 원 정도의 수입은 예상이 된다. 관리비를 뺀다고 해도 1억 원 이상의 소득은 충분할 것 같았다.

 이 말을 듣고 그녀는 강의실을 1개만 만들어도 되겠다고 생각했다. 어차피 2개를 만들어서 수용할 수 있는 규모를 늘려도 시장 규모가 연간 1500명인 시장이라면 임차료와 관리비만 늘어날 수 있기 때문에 차라리 강의실을 1개만 만들어 그 강의실을 다 채우는 것이 낫겠다고 판난한 것이다. 한편 이것은 다른 토익 학원이 안 생긴다는 전제하에서 계산한 것이다. 대학교 주변의 상권이 좁아서 건물이 한정되어 있고 이미 자리 잡은 건물들은 모두 입주가 끝나 새로 학원이 들어올 공간조차 없었다. 그렇다고 새로 건물을 지을 토지가 있는 것도 아니어서 당분간은 학원이 생길 가능성은 적어 보였다. 그 토익 학원은 경쟁자 없는 시장에서 대박은 아니지만 그래도 월 1000만 원 이상의 이익을 내는, 망하지 않는 학원이 될 수 있었다.

김민정 선생은 이러한 분석 끝에 토익 학원을 차렸고 예상대로 탄탄한 수익을 내며 승승장구했다. 그녀의 성공 비결은 시장 규모와 경쟁상대, 그리고 진입장벽을 철저하게 이해했기 때문이었다. 시장 규모와 점유율을 분석한다는 것은 이렇게 우리 고객이 누구인지, 그들이 얼마나 있는지를 미리 예측해보는 것이다. 또 얼마의 가격을 받아야 어느 정도의 고객을 확보할 수 있을지를 생각해 매출액을 추정하면 된다.

물론 어려운 점도 있었다. 학원 사업의 힘든 점 중 하나가 소득이 불규칙하다는 것이었다. 일시에 돈이 많이 들어올 때 목돈으로 차를 뽑았는데 방학이 되자 학생들이 모두 집에 가버려서 수강생이 거의 없었다. 돈이 안 들어오니 힘들 수밖에 없었다. 김민정 선생처럼 계절적으로나 시기적으로 성수기와 비수기가 극명한 업종은 많다. 우리 회사도 비슷한데 상반기에는 돈이 많이 들어오지만 하반기에는 비수기로 접어든다. 특히 11~1월에는 자금이 부족한 경우가 많다. 그래서 나는 돈이 많이 들어오는 5~7월에 만기가 6개월인 적금을 하나씩 들어놓는다. 운영자금을 준비해놓는 것이다. 이번 1월에도 자금이 부족했는데 6개월 전에 들어놓은 적금으로 충분히 커버를 했다. 돈이 나갈 흐름을 미리 계획하여 수입과 지출을 단순화시키는 것이다.

 김민정 선생도 방학이 끼는 7~8월과 1~2월에는 현금수입이 거의 없었다. 반면 임차료나 강사들 인건비는 고정적으로 나갔다. 따라서 매월 현금매출을 계산할 때 4~5개월간의 방학까지 감안해야 했다. 가령 한 달 매출이 2000만 원일 때 이것을 진짜 매출로 생각하면 안 된다. 방학 때는 현금매출이 전혀 없으면서 고정비는 그대로 나가야 하기 때문이다. 한 달 매출 2000만 원에 맞춰서 한 달 지출을 계산하면 방학 때는 현금 부족에 시달릴 것이 자명했다. 따라서 한 달 매출이 2000만 원이고 이렇게 들어오는 달이 방학을 빼고 연간 8개월이라면 연간 현금매출은 1억 6000만 원이고 매월 평균액으로 따지면 1300만 원 정도가 된다. 즉 한 달에 2000만 원의 현금매출이 들어온다고 해도 이 중에서 1300만 원을 초과하는

700만 원은 지금의 현금매출이 아니라 방학 때를 위해서 비축해놓아야 하는 돈이다. 현금이 부족한 이유는 미래의 지출에 대한 대비가 안 되어 있기 때문이다.

성수기와 비수기가 구분되어 비수기 때 매출이 급감하는 경우 매월 정확한 현금매출을 파악하는 것이 중요하다. 즉 연간 매출을 계산하고 이것을 12개월로 나눈 것이 매월 평균매출이고, 매월 평균매출을 초과해서 벌어들이는 돈은 미래를 위해서 따로 떼어놓아 통장에 저축해야 한다.

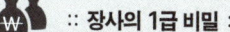 :: 장사의 1급 비밀 ::

통장관리만 잘해도
복잡한 회계장부가 필요 없다!

1. 빚을 갚기 위해 부채통장을 만들어라

많은 사람들이 열심히 저축을 한다. 자기 수입의 절반 정도를 저축하기도 하고 금액은 적더라도 꾸준히 저축하는 사람도 있다. 그런데 저축을 하는 목적이 분명한 사람들은 드물다. 그냥 막연하게 노후를 대비하거나 미래를 위해서 저축한다는 정도의 생각뿐이다. 그러다가 갑자기 돈 쓸 일이 생기면 열심히 저축한 돈을 써버린다. 그렇기 때문에 꽤 오랫동안 저축을 했는데도 나중에 보면 모아놓은 돈이 별로 없는 '재테크 요요현상'이 나타난다.

앞으로 반드시 지출해야 하는 것을 부채, 즉 빚이라고 상정해야 한다. 빚은 앞으로 반드시 갚아야 하는 것이다. 빚을 갚기 위해서는 철저하게 빚을 갚기 위한 현금을 마련해야 한다. 나중에 벌어서 갚겠다는 생각보다는 지금 빚을 갚기 위한 돈을 따로 적립해놓아야 한다.

2. 감가상각비통장을 만들어라

현금과 이익의 차이에 영향을 미치는 중요한 요소는 감가상각비다. 설비투자를 50억 원 해서 수입을 100억 원 올렸고 비용이 80억 원 나갔다 쳐보자. 설비를 5년 동안 쓴다면 매년 10억 원의 비용이 추가로 발생하고 있는 셈이다. 따라서 감가상각비를 고려하면 10억 원의 이익이 발생한 것이다. 그러나 현금은 다르다. 첫해에 100억 원의 현금이 들어오고 투자비 50억 원과 비용 80억 원이 나가니까 30억 원의 현금이 더 나간 것이다. 그런데 사람들은 이것을 금세 잊어버린다. 그리고 다음 해에도 100억 원의 수입에서 비용 80억 원만 생각하고 20억 원의 이익을 어떻게 쓸지 고민한다.

문제는 5년 후다. 성장을 계속하려면 5년 후에 최소 50억 원의 설비 투자비가 들어가게 된다. 처음 투자한 설비가 매년 비용으로 바뀌니까 그만큼은 다시 현금으로 저축해두어야 나중에 대체할 수 있다는 것을 잊어버린다. 회사의 성장 동력이 떨어지는 이유는 이익을 다 써버리기 때문이다. 현재의 자산이 계속 감가상각되고 있다는 것을 생각한다면 이후에 어떻게 자산을 늘릴 것인지를 고민해야 한다. 감가상각비에 해당하는 돈을 적립해서 감가상각통장을 만드는 것이 가장 바람직한 방법이다.

3. 성수기 때 비수기를 준비하라

장사에서 현금관리가 잘 안 되는 이유 중 하나는 현금수입이 불규칙하기 때문이다.

장사가 잘될 때는 돈이 잘 들어와 잘 쓰는데 장사가 안 될 때는 통장에 있던 돈으로 적자를 메꿔야 하는 사태가 벌어진다. 그래서 많이 버는 것 같아도 항상 통장에는 돈이 없다. 장사하는 사람도 월급을 받는 직장인처럼 매월 정해진 돈을 꼬박꼬박 받으면 현금관리가 훨씬 수월하다. 성수기 때 번 돈이 전부 자신의 돈이라고 생각하지 말고 비수기 때를 위해서 6개월 만기통장을 만들어놓아라. 그러면 이 통장의 돈이 비수기의 현금 가뭄을 씻어줄 것이다.

5장

저절로 흑자경영을 만드는
현금관리시스템

| 현금수입시스템 |

왜 현금관리가
안 될까?

언젠가 조그만 영문 신문을 발간하는 글로벌뉴스라는 회사에 컨설팅을 한 적이 있었다. 이 회사는 원래 전문직을 상대로 하는 전문 홈페이지 제작회사를 운영했다. 전문직들도 홍보의 필요성을 느꼈고, 특히 직원을 채용할 때 홈페이지의 유무가 구직자들에게 상당한 신뢰감을 주느냐 마느냐의 문제가 될 수 있었다. 심지어 회사를 선택하는 기준이 되기도 할 정도다. 그러나 홈페이지라는 것은 그냥 만들고 끝나는 게 아니다. 관리가 안 되는 홈페이지는 오히려 부정적인 이미지를 가져올 수 있다.

이런 점에 착안하여 오병희 사장은 전문직들의 홈페이지를 만들고 관리하는 서비스를 기획했다. 회계사나 변호사, 의사들의 홈페이지를 만들어주고 그 홈페이지에 정보를 계속 업데이트해주면서 매월 정기 수수료를 받는 사업이다. 매월 수수료가 10~20만 원 정도에 불과하지만 업종별로 회원을 100명만 모아도 월 1000~2000만 원의 수입이 생기기 때문에 오병희 사장 입장에서는 큰 비용이 들지 않으면서도 정기적인 수익을 창출할 수 있었다. 회원이 100명이라도 홈페이지의 형식과 내용이 표준화되어 있으므로 이름과 주소 등 회사별 특징만 수정하면 됐다. 한 번 플랫폼을 만들고 표준화시켜놓으면 콘텐츠는 모든 회원들에게 팔 수 있었다. 사업 규모가 크지는 않아도 고정적인 수익을 가져다주는 효자사업이었다.

오병희 사장은 홈페이지 사업에서 발생하는 수입으로 글로벌뉴스라는 영문 신문 서비스를 시작했다. 신문사로는 돈 벌기 힘들다는 것을 잘 알고 있었지만, 신문사 사장이라는 자리에 매력을 느꼈기 때문이다. 일반 회사 사장이라고 하면 사람을 만나는 데 한계가 있지만, 언론사 사장이라는 명함은 모든 사람을 만나게 해주는 힘이 있었다. 그만큼 사람들이 자신을 대우해주는 격이 다르다고 했다.

예상대로 회사의 수익이나 재무구조는 좋지 않았다. 영세한 소규모 인터넷신문사라 광고 수입에 전적으로 의존해야 했는데 기존 언론사가 광고 수입을 잡고 있어 신규 광고 수주가 너무 힘들었다. 관공서에서 주는 광고 수입 중 언론사마다 돌아가며 몰아주는 수입에 의존하거나 관광서의 브로슈어와 팸플릿 등 을 만들어주는 프로젝트 수입이 거의 전부였다. 신문사 특징상 매출액이 줄어들어도 판매비와 관리비를 줄일 여력이 없어 순손실이 발생할 수밖에 없었다. 이익을 내려면 인력을 줄이거나, 각종 비용을 더 줄여야 했는데 그러면 신문의 발행은 물론 콘텐츠의 질이 심각한 타격을 입을 수밖에 없었다. 수년간 홈페이지 서비스에서 오는 수입으로 글로벌뉴스 적자를 메꿔왔는데 그 한계점에 도달한 것이다.

그 즈음 지역 일간지 신문사로부터 제안이 하나 왔다. 그 신문사 또한 만성 적자에 자본잠식이 되어 있어 얼마 전 주주가 변경된 상태였다. 새로 지역 일간지 신문사를 인수한 김강호 회장은 건설업을 하던 사람으로 건설업에서 번 돈으로 거의 헐값에 나온 지역 일간지 신문사를 인수했다. 자본잠식 상태로 25년이나 주인 없이 떠돌던 지역 일간지 신문사를 인수하는 것은 어렵지 않았다. 그의 목적은 신문사라는 타이틀을 이용하여 건설업에서 돈을 벌자는 것이었다. 신문사 회장으로 취임한 뒤 자신의 능력을 과시하기 위해서 인수합병을 생각하고 있었다. 그는 오병희 회장에게 접근했다. 영문 신문과 중문 신문을 가지고 있는 글로벌뉴스지만 실제 매출은 5억 원 정도밖에 안 되는 영세 자영업자 수준이었기 때문에 글로벌뉴스를 방문한 신문사 김강호 회장은 신문사를 거의 거저먹으려는 의도가 훤했다. 자기 쪽 지역 일간지로 신문사를 할 생각이 있느냐고 오 회장에게 제안한 것이다. 중국인들을 대상으로 하는 서비스를 함께하자고 했다가 또 한편으로는 글로벌뉴스 주식을 자기에게 넘기라는 제안도 했다. 어차피 망할 신문사를 자신이 도와주겠다면서 오병희 사장의 자존심을 건드리기도 했다. 글로벌뉴스는 재정적으로 힘들긴 하지만 오병희 사장이 수년 동안 애정을 쏟아온 회사였다.

결국 오병희 사장은 내게 글로벌뉴스의 기업 가치를 평가해 김강호 회장에게 회사를 매도하려고 한다며 컨설팅을 의뢰했다. 그는 당장 자금이 필요해서 그동안 든 비용과 고생한 것을 감안하고 현재의 무형가치를 평가해서 10억 원 정도면 회사를 팔 수 있겠다고 했다. 그러나 지역 일간지 신문사를 20억 원에 인수한 김강호 회장이 격주로 나오는 영자신문을 10억 원에 매입할 리가 만무했다. 나는 오병희 사장에게 회사를 완전히 매각하거나 아니면 그냥 회사 지분관계와는 별도로 업무협조 정도 선에서 끝내는 것이 좋을 것 같다고 했다. 오병희 사장은 김강호 회장과의 미팅에 내가 함께 가주기를 바랐다. 그래서 나는 김강호 회장을 처음으로 만나게 되었다.

그는 나와는 초면인데도 불구하고 오병희 사장에게 한 수 알려준다는 듯이 권위적으로 말했다. 마치 자기 부하 직원에게 말하는 듯한 태도였다. 글로벌뉴스가 어려우니 자신이 좀 도와줄 생각이라고 했다. 한편으로는 회사 주식을 자신에게 넘기라고 했다. 전부는 넘기지 말고 50퍼센트만 넘기면 어떻겠느냐는 것이다. 어차피 오병희 사장이 신문사를 운영하는데 자신도 글로벌뉴스와 법적인 관계가 있어야 도와줄 수 있다는 것이다. 주식을 50퍼센트 넘기면 그런 명분이 선다고 했다. 나는 옆에서 가만히 보고 있다가 김강호 회장의 불손한 태도에 기분이 나빠졌다. 아무리 글로벌뉴스가 힘들다고 하지만 돈 한 푼 안 들이고 회사를 인수하는 것은 말도 안 되는 일이었다. 또 회사에서 주식이라는 것은 경영의 가장 중요한 요소다. 절반을 가져가면 나중에는 자금력 있는 사람이 회사를 좌지우지하게 된다. 오병희 사장은 영세했고 김강호 회장은 어차피 자신이 소유한 건설회사에서 자금이 나오기 때문에 시간이 가면 글로벌 뉴스를 손아귀에 쥐는 것이 어렵지 않았다. 오병희 사장은 어떻게 대응해야 할지 몰라서 나를 쳐다보았다. 김강호 회장은 글로벌뉴스를 도와준다고 했다가 또 회사를 넘기라는 식으로 쉽게 이야기하고 있었다.

나는 단도직입적으로 김강호 회장에서 물었다.

"회장님은 글로벌뉴스를 도와주는 것이 목적이십니까? 아니면 글로벌뉴스를 인수하는 것이 목적이십니까?"

내 물음에 김강호 회장은 기분이 언짢다는 듯이 화제를 돌렸다.

나는 잠시 후에 다시 물었다.

"글로벌 뉴스를 인수하려면 주식을 전부 인수하는 것이 어떻겠습니까? 주식을 일부 인수하는 것은 자금력이 부족한 오병희 사장에게 불리할 수밖에 없습니다."

김강호 회장은 옆에서 자꾸 딴지를 거는 내가 거북했는지 오병희 사장에게 말하던 투로 내게 말했다.

"미들맨으로 왔으면 거래를 성사시키기 위해서 노력을 해야지 자꾸 두 사람 사이를 떼어놓으려고 하면 어떡하나요?"

나는 미들맨으로 간 것도 아니고 거래를 성사시키기 위해서 간 것도 아니었다. 대형 신문사한테 자영업 수준의 신문사가 속절없이 먹히는 것을 막기 위해 간 것이있다.

결국 김강호 회장은 오병희 사장과 나를 수준 이하의 사람들로 대하며 자신의 본색을 드러냈다. 미팅은 잠시 후에 어색한 분위기로 끝났다. 미팅이 끝난 후 오병희 사장은 김강호 회장이 그렇게 예의 없는 사람인 줄 몰랐다고 했다. 업무적인 협조는 물론 회사를 매각하는 문제도 잊어버리겠다고 했다.

그리고 얼마 후 김강호 회장의 신문사와 내가 미미하지만 금전적으로 연결이 되어 있다는 것을 알게 되었다. 우리 회사에서 정기적으로 구독하는 잡지와 신문이 있는데 8년 동안 단 한 번도 대금 청구를 하지 않아 미납된 건이 있었다. 나는 돈을 주어야 하는 위치에 있음에도 불구하고 그 잡지사와 신문사의 직원을 한 번 만나고 싶은 지경이었다. 그런데 알고 보니 그 신문사의 오너가 김강호 회장이었다.

   잡지사와 신문사 모두 재무상태가 어려워 보였다. 그런데도 간간히 지로용지를 한꺼번에 몇 개월어치를 보낼 뿐 전화 한 통 없었다. 회사에 찾아오지도 않았다. 우리 회사는 잡지와 신문대금 빼고는 부채가 하나도 없다. 자금집행에서는 철저한 편이었지만 신문대금만큼은 지급하지 않았다. 신문사에서 우리에게 지급요청을 하지 않고 있기 때문이기도 했지만 별로 보고 싶지 않은 신문인데 계속 그들이 놓고 가기 때문이다. 5년 전 내가 그 신문사에 1년간 칼럼을 기고했는데 담당 기자가 신문을 한 부 넣어주겠다고 말한 것이 발단이었다. 나는 5개의 중앙 일간지를 보고 있기 때문에 지방 신문을 볼 이유가 딱히 없었지만 칼럼이 게재되고 있어서 마다하지 않았다. 그리고 1년간의 칼럼 게재가 끝났는데 그 이후에도 신문이 계속 들어왔다. 처음에는 그냥 서비스로 신문을 넣어주는 줄 알고 간단히 생각해버렸다. 오히려 보지도 않는 신문이 매일 들어오니 그것도 약간 귀찮은 일이었다.

   신문 보급소는 우리의 의사도 묻지 않고 새벽이면 신문을 놓고 갔고 우리 직원은 매일 사무실 앞에 놓인 신문을 수거해서 분리수거용 박스에 버렸다. 그렇게 몇 년이 흐르고 신문사에서 전화가 한 통 왔다. 신문대금이 5년치나 밀려 있으니 청구서를 보내겠다는 것이다. 우리 직원은 매일 신문이 회사에 배달되는 것을 봐왔지만 한 번도 대금 청구서를 받지 못하다가 5년치를 한꺼번에 청구하니 약간 당황했다. 직원은 신문사에 전화해서 서비스로 배달해주는 신문으로 알고 있었다고 했고 신문사에서는 그런 신문은 없다고 말하면서 입금을 해야 한다고 했다. 어쩔 수 없이 5년 전의 일을 설명하고 나서야 신문사에서는 실수로 넣었던 것 같다고 인정하고 끝났다. 그 신문사처럼 고객이 별로 원하지도 않는 신문을 5년간이나 계속 배달하고 신문대금을 제대로 받지 않은 채 장사를 한다면 누구나 돈 벌기는 힘들 것이다. 내가 그 사장이었다면 아마 속이 터져버렸을 것이다. 매출대금은 전혀 들어오지 않는데 신문을 만드느라 재료비와 인건비, 경비는 현금으로 지급해야 하기 때문에 회사에 자금이 부족할 것이 뻔했다.

요즘 고객들은 어지간히 대금 회수 노력을 하지 않고서는 돈을 주지 않는다. 미납대금이 모이다 보면 미수금이 커져버려서 또 돈을 주지 않는다. 그들은 이렇게 말하곤 한다. "제품에 문제가 있었다, 서비스가 그 모양이라서 돈을 줄 수 없다. 금액이 왜 이렇게 비싸느냐?"

사실 이런 불만은 대금 회수과정에서 문제가 있기 때문에 생긴다. 제품이나 서비스에 문제가 있었더라도 적절한 시기에 대금 회수 노력을 했더라면 바로 잡을 수 있었을 것이다. 그러고 나서 대금 회수를 하면 되는데 너무 오랫동안 대금 회수 노력을 게을리해버려 정말 제품이나 서비스에 문제가 있는 것인지, 아니면 돈 주기가 싫거나 금액이 너무 커져버려서 핑계를 만들어내는 것인지 알 수가 없게 된다. 외상대금을 내지 않는 고객이 있다면 그 원인이 어디에 있는지 빨리 파악해야 한다. 그래야 일을 제대로 끝낸 것이다.

| 현금수입시스템 |

현금 중심으로
판을 다시 짜라

장사를 하는 사람이라면 누구나 현금수입이 현금지출보다 많기를 원한다. 다 아는 것 같지만 실행하기는 어려운 일이다. 그 이유는 경영의 흐름과 현금의 흐름이 달라서 그렇다. 모든 회사의 경영 흐름은 물건을 구입하고 (제조하여) 판매하는 과정으로 이루어진다. 그러나 돈의 흐름은 경영의 반대이다. 즉 판매해야 돈이 들어오고 이 돈을 가지고 물건을 구입해야 한다. 문제는 실제로 돈이 흐르는 것이 경영의 흐름대로 흘러갈 때다. 물건을 사면 먼저 돈을 지급해야 하고 판매해야 돈이 들어온다. 안정적인 현금 흐름은 돈을 받고 나서 지불하는 수순인데 실제로는 거꾸로 돈이 흘러가는 것이다.

그래서 경영의 사고방식으로만 장사를 하면 현금장사에서 망하는 경우가 생긴다.

경영의 흐름을 보자. 부채자본에서 시작하여 자산에 투자하고 발생한 비용으로 수익을 얻어 이익이 창출되면 자본이 늘어난다. 사장이 자기 돈과 차입금을 끌어들여 재고자산을 구입하여 마트에 납품하고 나중에 현금을 회수하는 것처럼 재무제표상에서 반대방향으로 흐른다.

부자 회사들의 현금 흐름은 그렇지 않다. 그들은 재고를 구입하더라도 현금을 지불하지 않는다. 최소한 매출대금을 회수할 때까지 현금지출을 미루어둔다. 따라서 매출대금을 회수하여 재고자산 구입대금을 지급하고 나머지 현금수지 흑자는 자산에 재투자하거나 부채를 상환한다.

현금수입이 현금지출보다 많도록 유지해주는 것이 현금관리시스템의 핵심 개념이다. 그렇다면 이를 위해 더욱 전문적인 회계 인력을 충원해야 하는 것 아닐까 걱정할 수도 있는데 이는 회계 인력이 없더라도 가능한 일이다. 총 3개의 흐름을 잘 관리하면 직원이 없어도 가능하며, 큰 회사의 경우에는 직원을 최소로 하면서 전 임직원들을 현금중심으로 모을 수 있다. 이것은 어려운 방식이 아니며 회계를 몰라도 가능한 현금관리시스템이다.

여기에서 주의할 것은 현금관리는 현금을 많이 확보하고자 하는 것이 목적이 아니라, 유동성을 높이기 위해 현금 흐름을 관리하고자 한다는 것이다. 3개의 현금관리시스템은 현금의 흐름을 관리하는 것이 목적이다. 회사의 현금 흐름이 잘 흘러가는지 판단할 수 있는 회계지표는 운전자본에서 알 수 있는데 운전자본은 유동자산에서 유동부채를 차감한 것이다. 유동자산이 유동부채보다 적으면 갚아야 할 돈이 받을 돈보다 많다는 것이므로 유동성 위기에 빠진다. 그래서 유동자산을 유동부채보다 높게 가지고 가야 한다.

3개의 현금 흐름관리시스템은 운전자본을 마이너스로 하는 것이 목적이다. 회사에서 영업활동을 위해서 확보해야 하는 자본으로서 운전자본이 많이 필요하다면 회사의 현금관리가 잘 안 되고 있는 것이다. 이렇게 3개의 현금관리시스템은 운전자본을 최소로 하고, 궁극적으로는 마이너스로 만들어 회계에 신경을 쓰지 않고도 현금 흐름이 원활하도록 하는 것이 목적이다.

현금수입은 다른 말로 말하면 매출채권관리다. 매출이 일어나고 있는데도 장사에서 현금 때문에 고민을 하는 것은 현금이 부족해서다. 매출채권관리의 출발은 매월 매출채권을 정확하게 체크하고 적시에 청구되도록 하는 것이다. 매출채권은 매월 1일 매출채권에 이번 달 매출액을 더하고 회수액을 빼면 매월 말일 매출채권이 나온다.

비싼 ERP나 채권관리 프로그램을 이용해도 되지만 여력이 안 되는 자영업자들은 엑셀로 만들어도 충분하다. 우리 회사도 ERP 프로그램을 써보았으나 결국은 쉽게 수정이 가능하고 원하는 것을 추가할 수 있는 엑셀을 이용하고 있다.

보통은 영업직원에게 달마다 매출목표를 주고 직원들이 얼마나 목표를 달성했는지에 따라 평가를 한다. 그러면 당연히 영업직원들은 매출을 올리는 데 혈안이 되어 할인판매나 외상 거래로 목표를 올리려고 노력한다. 이는 현금 부족을 부른다.

매출이 너무나 중요하다고 생각된다면 매출목표를 나타낸 그래프에 월별 회수금액을 표시하여 매출뿐 아니라 외상대 회수 측면에서도 성과를 내야 한다는 책임감을 주는 것도 한 방법이다.

우리 회사는 인건비가 주요 비용이고 인건비는 한 달에 한 번씩 나간다. 그래서 우리는 한 달 내에 현금이 들어와야 회사의 운영비를 충당할 수 있다. 우리 회사에서는 매출이 현금화되어야 비로소 매출로서의 가치가 있기 때문에 현금매출만 매출로 인정한다. 그리고 매달 현금 회수액을 목표로 주어서 말일까지 회수가 되도록 한다. 대금 회수과정에 노력을 기울이느냐와 그렇지 않느냐의 차이가 많다. 실제 매출채권이 회수가 안 되는 것은 고객이 돈이 없어서가 아니라 대금 회수 노력을 하지 않아서다.

  외상대금 회수는 전 임직원들이 함께 중요성을 인지하고 회수 노력을 해야 한다. 임직원들이 움직이게 하려면 현금 중심으로 일하게 만들어야 하고 그런 성과평가시스템을 운영해야 한다. 우리 회사는 매월 현금매출 목표를 만들어놓고 목표달성을 하면 대가를 준다. 현금매출 목표를 달성하면 달성한 날부터 말일까지는 휴무를 제공하거나 직원 인센티브를 지급한다. 인센티브를 걸면 현금매출 목표의 달성 가능성이 아주 높아진다. 직원들은 매월 말일이 다가올수록 돈 들어올 곳이 없는지 거래처 리스트를 뒤지고 또 뒤진다.

| 현금지출시스템 |

한 달에 몇 번이나 지출을 하는가?

　많은 회사에서 갖고 있는 회계상의 문제가 한 달에 얼마나 현금이 빠져나가는지를 모르고 있다는 것이다. 그것은 회계자료가 너무 복잡해서이기도 하고 현금지출관리를 너무 부지런히 하다 보니까 회계에 대해 잘 모르는 다른 임직원들이 지출에 신경을 안 쓰기 때문이기도 하다.

　우리는 언젠가 동방산업이라는 회사의 일을 한 적이 있다. 검찰에 동방산업의 동업자를 고발하기 위해 회계보고서를 만드는 일이었다. 두 사장이 50:50의 지분을 가지고 각자 대표이사를 겸하는 회사였다. 그중 박미영 사장은 다른 사업체를 가지고 있어서 실제로는 회사에 거의 관여를 안 하고 있었다. 그리고 몇 년 후에야 박미영 사장은 동업자가 개인적인 목적으로 자금을 빼돌린 사실을 알게 되었고 우리에게 찾아온 것이었다.

"몇 년 동안 동업자가 빼돌린 자금을 파악해주세요."

우리는 다소 위험성이 있는 업무임에도 불구하고 박미영 사장을 원래 잘 알고 있었기에 업무에 착수했다. 회계자료를 이용하고 전문적인 회계지식을 동원해 현금 누락액을 추정해냈다. 이를 근거로 변호사를 선임하고 검찰에 증거자료로도 제출했다. 그런데 변호사에게 자료를 다시 만들어달라는 요청이 왔다.

변호사는 통장을 일일이 파악했는데 총 지출 중에서 법인통장에서 사용되지 않은 것은 내용을 모르기 때문에 비자금으로 간주하고 싶어 했다. 또 총 매출 중에서 통장에 들어온 것을 일일이 파악하여 회사 통장에 들어오지 않은 것도 개인적인 용도로 사용한 비자금이라고 추정했다. 그러나 통장을 일일이 추적하는 방식은 거의 불가능한 일이었고 너무 아마추어적인 방식이었다. 회계 전문가인 우리가 보기에는 통장을 일일이 보지 않더라도 현금 흐름을 간단히 추정하면 되는 일이었는데 이것을 아무리 설명해도 변호사는 이해를 하지 못했다. 시간이 많이 걸리면 우리가 받을 수수료도 올라가고 박미영 사장한테도 부담이 될 것 같으니 우리는 우리 방식으로 일처리를 서두르고 싶었던 게 사실이었다. 그런데 변호사가 이렇게 말했다.

"제가 이해한다고 해도 검찰에서는 이해하지 못할 겁니다."

검찰에게는 더욱 알기 쉽게 제시해야 한다는 것이었다. 어쩔 수 없이 우리는 회계지식을 모두 버리고 일반 사람들이 장부를 작성하듯이 통장의 현금입금과 출금내역을 일일이 체크하면서 보고서를 작성했다. 아마추어처럼 일을 하느라 고생은 했지만, 변호사를 통해서 얻은 교훈이 있었다. 회계가 아무리 과학적이고 체계적이라고 해도 다른 사람들이 이해하지 못하는 회계자료는 아무 쓸모가 없다는 것이었다.

통장의 지출내역을 뽑아서 정리해보면 한 달에 얼마나 자주 지출을 하는지 알 수 있을 것이다. 지출횟수가 많을수록 장부는 복잡해지고 현금관리는 안 된다고 이해해도 틀린 말이 아니다. 현금관리를 잘 하려면 지출하는 날짜를 통합하여 지출횟수부터 줄여라.

우리 회사의 경우 매월 5일과 10일에만 지출결의서를 작성한다. 지출결의서도 각 직원이 자신이 지출한 내역을 직접 작성하고 직원 한 명이 취합만 해서 주거래은행에 보내준다. 은행에서는 이를 보고 지출결의서를 근거로 지출을 해준다. 그래서 한 달 동안의 지출내역을 알기 위해서 5일과 10일의 지출결의서만 보면 된다. 어느 업종이든 가게의 지출내역을 파악하는 것이 간단할수록 더 현금관리가 잘 된다.

| 현금지출시스템 |

지출해야 할 돈이 얼마인지 파악하고 있는가?

고객 중에 외상매입대금을 가장 중요하게 여기는 사람이 있었다. 그래서 우리에게 다른 건 몰라도 외상매입대금 정리만큼은 꼼꼼히 해달라고 신신당부를 하곤 했다. 나는 말했다.

"외상매입처에 전화만 하면 되는 일입니다. 돈을 지급해야 할 것이 얼마나 있는지 내역서를 보내달라고 하면 아마 정확히 계산해서 보내줄 겁니다."

돈 받을 회사의 입장에서 거래처가 돈을 주겠다는데 내역을 뽑는 것이 뭐가 큰일이겠는가? 지급할 돈은 잊어버리고 있는 것도 나쁘지 않다. 그리고 매월 얼마의 외상매입대금이 남아 있는지 매입처에 전화하면 금방 내역서를 보내준다.

어느 날 업무를 하던 중 갑자기 이메일 서비스가 중단되어 있는 걸 발견했다. 나는 이메일 서비스 웹 기반을 제공하고 있는 협회에 전화를 해보았다. 이 협회는 우리 회사가 소속되어 있는 협회기도 했다. 알아보니 협회비가 미납되어 서비스가 중단된 것이었다. 심지어 상당한 금액이라고 했다.

"우리는 대부분 납부를 한 것으로 알고 있는데요?"

"몇 년 전 것도 있습니다. 이것을 납부하셔야 웹사이트 이용이 가능합니다."

그렇게 오래된 미납 건이 있다는 말에도 놀랐지만 고지서도 없었고 정말 미납했는지에 대해 의구심이 들었다.

"지금 우리가 납부해야 할 금액을 정리해서 보내주세요."

리스트를 요청했더니 5분도 안 되어서 팩스로 들어왔다. 미납금의 대부분은 당해연도분 협회비였다. 그렇게 오래된 미납금은 없었다. 다만 납부기간이 경과하면 경과분에 대해 연 10퍼센트의 이자를 가산해서 기간 경과분 이자를 부과하고 있었는데 경과분 이자를 납부하지 않아 생긴 문제였다. 이자 부분만 납부하면 되었으니 금액도 얼마 되지 않아 곧바로 납부를 했고 웹서비스는 복구되었다. 만약 이런 미지급금 관리를 우리가 직접 한다면 엄청난 시간과 비용이 들어갈 것이다. 하지만 전화 한 통화로 5분 만에 미지급금

내역서를 받을 수 있다. 당신은 어떤 회계 업무를 원하는가?

지출결의서가 많아지는 이유는 직원들이 현금지출에 대한 생각을 하지 않기 때문이다. 부자들은 물건 구입대금을 어떻게든 늦게 주려고 한다. 그래서 대금 지급기일을 늦추기 위한 방법을 고민한다.

물건 대금을 말일에 준다는데 지금 당장 주지 않으면 물건을 팔지 않겠다는 회사는 거의 없다. 만약 그쪽에서 현금판매를 고집한다면 그것은 아마 회사가 신용을 잃었기 때문일 것이다. 말일에 준다고 했다가 약속을 어기거나 정확한 날짜도 말하지 않고 나중에 준다고 하면서 차일피일 미루는 경우라면 매입처에서 현금판매를 고수할 수도 있다. 그러나 그 외의 경우라면 며칠 있다가 지급하는 것을 곧잘 허용한다.

단순한 회계자료는 지출해야 할 돈이 얼마인지를 알게 해주는 효과가 있다. 한 달 동안 지출내역을 계산하기 위해서 한 달 매입내역을 모두 합산해야 하는 사람과 특정 날짜의 통장 출금만 보면 되는 사람 중에 지출내역을 빨리 파악하는 경우는 후자이다. 들어올 돈과 나갈 돈을 명확히 머릿속에 넣고 있는 장사꾼은 현금관리를 잘 할 수밖에 없다.

| 통장관리시스템 |

세금 낼 준비는
다 되었는가?

장사를 하다 보면 실제 영업비용보다 더 부담이 되는 것이 갑자기 큰 목돈이 나가는 경우다. 그동안 많이 번 것 같은데 항상 돈이 없는 사람들을 보면 재테크 요요 현상에 말려 있는 경우가 많다. 돈을 열심히 모았다가도 적금 통장이 만기가 될 때쯤 되면 꼭 쓸 곳이 생겼다며 재투자를 못 한다는 공통점도 있다. 그러나 부자들은 투자용통장과 소비용통장을 구분해서 관리한다. 투자용통장에 들어간 돈을 소비 용도로는 절대 사용하지 않는다. 재투자현금은 지금 당장 현금이 나간 것은 아니지만 앞으로 언젠가는 나가야 할 현금이기 때문에 통장으로 적금을 들어놓아야 하는 돈을 말한다.

통장관리의 중요성은 세금을 낼 때 알 수 있다. 장사를 하는 사람들은 3개월에 한 번씩 매출액의 10퍼센트에 해당하는 부가가치세를 납부해야 한다. 한 달 매출액이 1억 원이라면 이 금액의 10퍼센트인 1000만 원의 부가가치세를 더해서 1억 1000만 원의 현금을 받아야 한다. 즉 부가가치세를 납부해야 하기 때문에 항상 현금을 받을 때는 매출액의 10퍼센트를 가산해서 받아야 한다. 계약단계에서 가장 중요한 것 중 하나가 부가가치세다. 그러나 계약할 때 부가가치세를 무시하는 경우도 많다. 그래서 1억 원으로 계약을 하고 1억 원의 현금을 받아 다 사용한 후에 3개월 후 부가가치세 1000만 원을 낼 때가 되면 사장들은 '무슨 세금이 이렇게 많아?'라며 깜짝 놀란다.

사장들이 부가가치세에 부담을 느끼는 것은 세금이 많아서가 아니라 세금에 대한 마인드가 없기 때문이다. 사실 부가가치세는 내가 내는 것이 아니라 고객으로부터 받아서 내는 것이다. 고객으로부터 받지 않았거나 받았다 하더라도 다 써버리고 나서 낼 돈이 없다고 한다. 그리고 회계사한테 무작정 세금이 많다고 불평하고 합법적으로 세금을 줄이지 못하면 무능한 회계사라고 생각해버린다. 부가가치세의 경우는 합법적으로 세금을 줄일 수 있는 방법이 거의 없다. 세금계산서 없이는 절대 불가능하여 현금매출 누락이나 가공 매입자료를 받는 것으로 탈세를 하기도 한다.

모든 납세자들이 세금을 낼 때가 되면 아깝다는 생각부터 한다. 어떻게 하면 될까? 처음부터 세금은 내 돈이 아니라는 생각을 하면 된다.

"1억 원어치의 물건을 매입하면 돈을 얼마 줘야 할까?"

보통 사람들은 1억 원이라고 말할 것이다. 하지만 이는 틀린 답이다. 실제 돈은 물건값 1억 원의 10퍼센트인 부가가치세 1000만 원을 합하여 1억 1000만 원을 지급해야 한다. 1000만 원은 부가가치세로서 실제 매입은 아니지만, 판 사람에게 돈을 주어야 하고 나중에 공제를 받는다.

"만약 앞에서 구입한 1억 원짜리 물건을 마진을 20퍼센트 더하여 1억 2000만 원에 팔면 얼마를 받아야 할까?"

1억 2000만 원의 매출에 부가가치세 10퍼센트를 합산하여 1억 3200만 원을 받아야 한다. 매출금액 외에 10퍼센트를 별도로 받아서 부가가치세를 내야 하는 것이다.

판매나 영업을 하다 보면 부가가치세 개념이 매우 중요하다. 일반적으로 총 계약금액을 말할 때 부가가치세를 감안해서 자신의 수입금액을 생각해야 한다. 계약을 1억 원으로 한다면 실제 돈을 1억 원 주는 것으로 생각하곤 하는데 나중에 세금신고를 하려고 하면 1억 원 중 10퍼센트는 세금으로 나가기 때문에 자신의 수입은

9000만 원밖에 되지 않는다. 나중에 알고는 그제야 부가가치세 별도라고 말하면 대부분의 고객은 불쾌해한다. 제조업의 순이익률이 5퍼센트가 채 안 되는 상황에서 매출의 10퍼센트를 세금으로 내버리면 거의 적자운영을 해야 한다. 매출의 10퍼센트는 큰 금액이기 때문이고 마진을 10퍼센트 낸다는 것은 피나는 원가절감의 노력과 매출 증가가 있어야 가능하다.

세금은 내 돈이 아니다. 애당초부터 국가의 돈이기 때문에 따로 떼어놓고 생각해야 한다. 우리 회사는 계약서를 작성할 때 가장 중요하게 보는 것이 부가가치세 별도다. 부가가치세는 별도로 받지 않으면 나부터 세금을 탈세하고 싶은 마음이 생기기 때문에 반드시 부가가치세를 별도로 계약한다. 그리고 별도로 받은 부가가치세는 절대 다른 목적으로 써서는 안 된다. 부가가치세 통장을 만들어서 적금을 들어놓는다. 이것은 목적이 정해진 돈이다. 반드시 3개월 후에 부가가치세로 납부해야 하는 돈이기 때문에 다른 용도로 사용했다가는 3개월 후에 갑작스런 큰 비용에 당황할 수 있다.

은행에 3개월짜리 적금이 없어서 나는 보통 6개월짜리 적금 2개를 든다. 부가가치세는 3개월에 한 번씩, 즉 1년에 4번 납부를 하므로 6개월짜리 2개를 들어두면 1년에 4번 만기되는 적금을 만들 수 있다. 이 적금의 만기일은 부가가치세 납부일로 맞춰져 있고 만기된

통장의 돈으로 세금을 납부하면 된다. 그리고 다시 6개월짜리 적금에 가입한다.

첫 번째 세금통장은 1월 25일에 가입하여 7월 25일에 만기가 된다. 그리고 7월 25일에 부가가치세를 낸다. 만기가 되면 반드시 다시 6개월 만기 적금에 드는데 이것은 내년 1월 25일에 만기가 된다. 1월 25일 부가가치세를 위한 것이다. 또 다른 부가세 세금통장은 4월 25일에 들어서 10월 25일에 만기가 된다. 그리고 10월 25일에 다시 6개월 만기 부가가치세 통장을 만들고 내년 4월 25일에 만기가 되도록 해놓는다. 아래 표를 참고해보자.

부가가치세 통장만 있으면 부가가치세와 관련해서 고민할 것은 별로 없다. 매월 평균매출이 어느 정도인지 평균을 내서 평균매출의 10퍼센트를 2개의 세금통장으로 자동이체되도록 신청해놓기만 하면 된다. 그리고 만기가 되면 다시 6개월 만기통장으로 가입하는 것을 반복한다. 나의 경우는 은행에 가지 않고 전화 한 통화로 이것을 해결하는데 이때부터 3개월에 한 번씩 돌아오는 부가가치세에 대한 부담을 완전히 덜어버렸다. 그래서 소득세통장도 추가했다. 소득세는 매년 11월 30일과 5월 31일에 납부를 한다. 1~6월분 상반기 소득세는 5개월 후인 11월 30일에 납부하고 7~12월 소득에 대한 세금은 다시 5개월 후인 5월 31일에 납부한다. 11월 30일에 6개월 만기 소득세통장에 가입하고 5월31일에 만기가 되면 소득세를 납부한 후 다시 6개월 만기 소득세통장을 만든다.

결국 세금과 관련해서는 매월 부가가치세통장 2개와 소득세통장 1개에 자동이체가 된다. 일시에 나가는 목돈을 매월 부담시켜놓는 것은 회계의 중요한 발생주의 원리다. 다만 이것은 현금과는 조금 다른 개념이라서 이해하기 쉽게 현금으로 바꾸어놓은 것이다.

세금 때문에 고민하는 많은 고객들에게 이 방법을 추천했는데 많은 사람들이 공감했지만, 이렇게 대답하는 사람들도 상당했다.

"좋은 방법인데, 지금 당장 돈이 없어서요."

나는 다시 물었다.

"그럼 3개월 후에는 돈이 생기나요?"

"……."

3개월 후에 돈이 생길지 안 생길지는 모르지만 이런 구조로 간다면 3개월 후에도 돈이 없을 확률이 높다.

누구나 세금은 내야 하므로 지금 당장 세금통장 3개를 만들어라. 부가가치세통장 2개와 소득세통장 1개로 세금을 완전히 잊어버릴 수 있다.

| 통장관리시스템 |

적금통장을 몇 개나 갖고 있는가?

우리나라는 자영업자만 600만 명이다. 하지만 요즘은 가게를 여는 사람보다 가게를 닫는 사람이 더 많다고 한다. 언론에 출연한 한 점주는 오죽했으면 "프랜차이즈라는 공산당에 내가 강제 노역으로 끌려온 것 같다"고까지 했다. 노예 계약에 시달리는 프랜차이즈 가맹점들의 심정을 느낄 수 있는 대목이다.

최근에는 프랜차이즈 가맹본부에서 가맹계약이 10년이 다 돼가는 가맹점주들을 상대로 신규 프랜차이즈 브랜드에 가맹할 것을 요구하는 경우가 종종 있다. 음식 프랜차이즈 같은 경우에는 기존 제품만으로 성장이 어렵기 때문에 카페처럼 커피를 파는 신규 가맹을 요구하기도 한다. 기존 제품만 파는데도 오픈 비용이 수억 원씩 들어간다. 커피를 팔려면 매장을 확대해서 오픈해야 하니 투자비용이 훨씬 더 늘어나게 된다.

또 본사에서 창업한 후 얼마 되지 않는데 리뉴얼을 요구하기도 한다. 그런데 이 리뉴얼이라는 것이 크게 인테리어를 하는 것도 없이 본사가 폭리를 취하는 도구로 전락하는 경우가 있다. 한편 식자재와 용기를 본사에서 공급하는데, 본사 공급가격이 시중의 구입가격보다 비싸 본사 마진율 25퍼센트에서 공산품의 경우 45~50퍼센트까지 되는 경우도 있었다. 보통 유통업 마진율이 10~20퍼센트인 것에 비하면 엄청난 폭리였다.

스크린골프처럼 비싼 기계를 들여놓아야 하는 경우에는 계속 업그레이드된 기계를 출시해서 가맹점으로 하여금 재투자하게 만든다. 전 재산에 대출까지 받아 기계를 구입했지만 연이은 신제품 출시로 빚만 떠안고 폐업을 선택하는 사업장도 속출하고 있다. 택배회사 본사는 영업소장들에게 화물트럭이나 지게차 구매를 강요해서 매달 100~200만 원씩 할부금을 내며 화물차를 구입하게 하는 경우도 있었다.

만약 본사의 요구에 응하지 않으면 군대보다 무서운 본사의 횡포가 시작된다. 신규로 출시된 상품 판매가 저조한 영업소는 새벽 6시에 본사에 불려가 5시간 이상의 정신교육을 시킨다고도 한다. 이런 저런 이유 때문에 영업소장들은 자비로 상품을 구입하는 것이 시간과 비용을 고려했을 때 더 낫다고 말하기도 한다.

프랜차이즈 가맹점들에게는 불경기보다 본사의 '갑질'이 더 무섭다.

가맹본부에서 10년이 넘은 가맹점들에게 급작스럽게 계약해지를 통보해 문제가 커진 적도 있다. 왜일까? 10년이나 함께 본사와 가맹점주로 성장을 해왔는데, 일방적으로 계약해지를 당한 가맹점주들 입장에선 얼마나 억울할까? 가맹점들이 안정적인 매출을 올리면 가맹본부에게도 좋은 일인데 그들은 왜 일방적인 계약해지를 통보했을까?

우선 이런 계약해지 과정이 불법은 아니다. 가맹사업법의 맹점 때문이다. 지난 2008년에 제정된 가맹사업법에 따르면 '가맹점 사업자의 계약갱신 요구권은 최초 가맹계약기간을 포함하여 전체 가맹계약기간이 10년을 초과하지 않는 범위 내에서만 행사할 수 있다'고 돼 있다. 이는 최초 가맹점주들을 보호하기 위해 만든 조항으로 최초 계약기간을 포함해 10년을 넘지 못하도록 돼 있다. 그러나 가맹계약이 10년을 넘어가면 '계약을 유지할지, 해지할지'에 대한 권한은 오로지 본사에게 있게 된다. 법률제정 당시에는 프랜차이즈 사업이 1~2년 만에 문을 닫는 일이 비일비재했고, 10년이나 가맹계약이 유지되는 경우가 드물었기 때문이다.

가맹본부는 이 조항을 이용해 10년 된 가맹점주들에게 일방적인 계약해지를 합법적으로 통보를 했다. 프랜차이즈는 가맹점이 확대되어야 수익이 나는 구조지만 프랜차이즈 업체가 포화상태라 가맹점 확대에 어려움을 겪고 있었다. 즉 신규 가맹점 유치를 위해 매장을 갈아치우고 있는 것이었다. 기존 매장을 없애고 새로 가맹점을 내면 2000만 원의 신규자금이 유입되고 2개 내면 4000만 원이 유입된다. 즉 프랜차이즈 본사 입장에선 10년 차 가맹점을 계약해지해야 수익이 나는 구조였던 것이다.

10년 된 가맹점 상권을 쪼개서 2~3개로 신규 가맹점을 유치하면, 새로 가맹비와 인테리어 비용이 발생하고 본사에선 종전보다 2~3배의 수익이 난다. 실제로 가맹본부는 역시 10년 차 가맹계약이 끝나면, 그 점포 인근에 새로운 가맹점을 열어주는 형태로 이익을 취했다.

이런 가맹본부가 전체 프랜차이즈 중 일부 악덕업체에 국한된다고 하더라도 이런 사실조차 모르고 가맹점을 시작했던 생계형 자영업자는 빚과 미래에 대한 불안만 남는다. 뒤늦게 왜 내가 이런 프랜차이즈 가맹점을 시작했을까 하는 후회를 하지만 하소연할 곳이 없다. 세상은 강자의 힘과 의지대로 움직이는 경우가 너무나 많다.

이런 현실에서 약자가 살아남으려면 프랜차이즈 가맹점을 시작할 때 기본적으로 검토할 것들이 있다. 가맹본부가 가맹점과 상생할 수 있는 구조인지 아니면 가맹점의 돈을 받아야 움직일 수 있는 구조인지를 먼저 보아야 한다. 특히 리뉴얼이나 가맹계약 갱신기간은 아주 중요한 계약사항이다. 물건을 만들고 팔아서 현금을 모은다고 해도 리뉴얼 기간이나 가맹계약기간이 짧다면 모아놓은 현금을 모두 다시 재투자에 써야 할 수 있다. 만약 앞의 사례처럼 가맹계약기간이 10년으로 되어 있다면 10년 이후에도 당연히 가맹본부가 계약연장을 해줄 것이라는 믿음은 버리는 게 좋다. 사업에서는 10년 이후에 어떻게 될지 모르는 리스크를 감안하면 10년 안에 재투자 금액을 모을 수 있을 정도의 현금관리가 함께 이루어져야 한다. 즉 재투자금액을 10년 동안 감가상각비로 생각하고 재투자통장을 만들어놓아야 한다. 이런 재투자금액을 빼고도 현금이 많아야 진짜 남는 장사가 되는 것이다.

:: 장사의 1급 비밀 ::

위기에도 끄떡없는 현금관리시스템의 힘

1. 성과평가에 현금수입을 연동시켜라

매출을 늘리려면 현금매출보다는 외상매출이 더 쉽다. 현금매출보다는 할부매출이 고객을 더 끌어들이기 때문이다. 그러니 매출을 급하게 올리려면 외상매출이나 할부매출을 할 수밖에 없다. 이렇게 되면 매출이 증가할 때 현금은 오히려 부족하게 된다. 그런데 현금이 없는 회사가 문제 해결을 매출확대로 하려는 경우가 너무나 많다. 이것은 문제 해결의 핵심과 완전히 반대로 접근하는 것이다.

우리 회사를 비롯해 회계전문가들이 모인 회계법인, 컨설팅 회사들은 매출을 현금 기준으로 기록하는 습관이 있다. 현금이 들어와야 실질적인 매출이다. 성과평가도 현금 기준으로 이루어진다. 직원들은 제품이나 서비스를 팔아도 현금이 안 들어오면 성과를 인정받지 못하기 때문에 대금 회수에 관심을 가질 수밖에 없다. 만약 신용상태가 별로 좋지 않은 고객이라면 과감히 거래를 끊어도 된다. 어차피 수수료를 받기도 힘든데 직원들의 시간을 빼앗아 인건비를 지출하도록 만들기 때문이다.

대부분의 회사들은 열심히 일을 해서 판매량을 올리려고 하지만 대금 회수에는 관심이 없다. 또한 직원들이 대금 회수에 관심을 가질 만한 동기부여도 별로 해주지 않는다. 즉 성과평가시스템에 현금이 없는 것이다. 현금 회수 노력을 한다는 회사도 현금 회수가 성과평가에 반영이 안 되는 경우가 많다. 직원들의 성과는 매출이나 비용절감 등으로 평가하면서 현금 회수를 독려하면 직원들은 현금보다는 매출에 관심을 가질 수밖에 없다. 어떤 식으로든 현금 회수액이 직원이나 팀의 성과평가에 연동되어야 한다.

2. 현금지출은 단순하고 간단하게 하라

지출이 자주 이루어지는 이유는 대개 직원들이 지출에 대해서 신경을 많이 쓰기 때문이다. 만약 지출을 빨리 해주지 않으면 외상대금을 달라고 하는 납품업체로부터 계속 시달려야 하니 직원 입장에서는 지출을 빨리 해버려야 속이 편한 셈이다. 반면 매출대금을 회수하는 것은 노력하지 않아도 누가 스트레스를 주는 사람이 없다. 오히려 거래처는 매출대금을 회수하려고 노력할수록 스트레스를 준다. 이 핑계 저 핑계 대면서 대금 지급을 늦추기 때문이다.

현금지출은 단순하고 간단하게 해야 한다. 우리 회사통장을 예로 들면 간단하다. 특별한 회계자료가 없더라도 2가지 현금 흐름인 현금수입과 현금지출이 간단하게 정리되어 있다. 현금수입은 현금지출 이전에 거의 대부분이 입금된다. 다른 날짜에도 종종 입금되기는 하지만 지출일인 매월 말일 직전에 대부분의 매출대금이 입금된다. 현금에서 무엇보다 중요한 것은 지출일 이전에 운영비에 충당할 자금이 입금되어야 한다는 것이다. 두 번째 운영비는 한 달에 하루만 결재되도록 해야 한다. 그래야 매월 영업비용이 얼마나 지출되는지 회계자료를 보지 않고도 알 수 있다.

인건비 지급일이나 카드결재는 매월 5일과 10일로 되어 있고 나머지 영업비용은 매월 말일이다. 회계에 불편을 느끼는 회사라면 이것도 매월 말일로 지정해놓으면 된다. 인건비, 카드결재일을 따로 구분해놓아도 항상 나가는 금액을 알 수 있다. 큰 불편함이 없는 경우에는 3일로 각각 구분해놓아도 무방하다.

3. 반드시 내야 하는 세금통장부터 만들어라

세금은 누구나 무조건 내야 하는 것이다. 세금 명목으로 돈을 받아놓고도 이를 그냥 써버린다면 3개월 후에 부가가치세를 낼 때, 또 소득세를 낼 때 무슨 돈으로 낼 것인가. 앞으로 반드시 나가야 할 돈을 지금 당장 어렵다고 써버리면 미래에 그 부담은 훨씬 더 커진다. 반대로 지금 돈이 좀 부족해도 세금만큼은 세금통장에 자동이체를 시켜놓으면 남은 현금 범위 내에서 어떻게든 운영이 된다. 사람은 환경에 적응을 잘하기 때문에 나는 종종 아메바 같다고 말한다. 돈이 있으면 있는 대로 쓰고 없으면 없는 대로 생활이 된다.

4. 미래 지출은 통장에 적립하라

재투자통장은 크게 3가지로 구분된다. 첫 번째는 지금 당장 지출되는 비용은 아니지만 앞으로 반드시 지급해야 하는 부채를 적립해놓는 것이다. 부가가치세나 소득세 같은 세금이 여기에 해당한다. 두 번째는 사업의 유지를 위해서 반드시 재투자가 이루어져야 하는 지출이다. 회사의 자동차나 기계장치, 비품 등이 여기에 해당한다. 이들의 성격은 다 다르지만 현금관리 관점에서는 모두가 동일하다. 목돈이 나가는 항목이므로 갑작스럽게 돈이 나갈 경우 유동성 위기에 닥칠 수 있다. 사실 대비만 되어 있다면 전혀 위험할 것이 없다. 대부분 언제 얼마의 돈이 나갈지 예측이 가능하기 때문에 매월 적금을 들어놓아야 한다. 세 번째는 성장을 위해서 재투자해야 하는 지출이다.

에필로그

장사를 했으면 현금을 남겨라

호텔이나 레스토랑, 음식점에 면 종류의 식품을 제조하여 납품하는 회사가 있다. 이 회사의 사장은 현금을 받지 않으면 절대 식품을 납품하지 않는다. 일반적으로 음식점은 외상거래를 많이 하기 때문에 현금판매만 고집하면 매출확대가 힘들 수 있다. 그러나 사장의 경영철학을 들어보면 이해가 간다. 보통 음식점이 망하면 마지막 달의 납품대금은 못 받는 것이 대부분이다. 제조업의 마진율은 적기 때문에 아무리 많은 매출을 올려도 마지막 한 달 매출대금을 받지 못한다면 수년 장사가 헛장사가 되어버린다. 수년 동안 번 순이익으로 마지막 한 달 매출대금을 못 받은 금액이 상계되어버리기 때문에 현금판매를 하지 않으면 손해 보는 사업이 바로 음식점이라는 것이다.

보통 회사에서 가장 관심이 있는 항목을 하나 고르라면 대부분의 회사나 직원들은 매출액을 꼽는다. 그러나 망하는 회사는 매출이 없어서 망하는 것이 아니라 현금이 없어서 망한다. 그렇다면 회사에 가장 중요한 것이 무엇인가? 바로 현금이다. 매출이나 이익이 음식이라면 현금은 공기다. 음식은 한두 끼 안 먹어도 죽지는 않지만 공기는 1분만 못 마셔도 죽는다. 그러나 평소에 우리는 공기보다 음식이 더 중요한 것처럼 행동한다. 음식도 중요하지만 진짜 중요한 것은 현금이다. 이렇게 중요한 현금관리가 안 되는 이유를 다시 요약하면 다음과 같다

첫 번째는 현금관리와 경영흐름이 반대로 이루어지기 때문이다. 경영은 물건을 구입하거나 원재료를 구입하여 제조한 후 판매하는 흐름이다. 그러나 돈의 흐름은 경영의 반대여서 판매해야 돈이 들어온다. 이 돈을 가지고 물건을 구입한다. 문제는 실제 돈이 흐르는 것은 경영의 흐름대로 간다는 것이다. 물건을 사면 먼저 돈을 지급해야 하고 판매해야 돈이 들어온다. 안정적인 현금 흐름은 돈을 받고 나서 지불하는 것인데 실제로는 거꾸로 돈이 흘러가는 것이다.

두 번째는 회사에서 대체로 현금에 대한 관심이 없기 때문이다. 현금에 대한 관심은 회사 전체가 가져야 하는데도 많은 회사가 현금을 중요하게 생각하지 않는 것처럼 행동한다. 먼저 받고 나중에

낸다는 것은 장사의 기본인데 항상 먼저 지출하려고만 한다. 직원들이 지출을 빨리 하려는 이유는 납품업체한테 시달리는 것이 귀찮기 때문이다. 그리고 나서 좋은 물건을 싸게 구입하려면 현금구매를 해야 한다며 허울 좋은 명분으로 보고한다. 반면 매출대금은 가만히 두어도 누가 귀찮게 하는 사람이 없다. 오히려 고객에게 돈 이야기하는 것을 고객들이 싫어할 것으로 걱정하며 외상대금 청구하는 것을 조심스러워한다.

세 번째는 미래의 현금 흐름을 관리하지 않기 때문이다. 대부분의 회사는 현재의 현금수지만 보지만 사실 미래에 반드시 지출해야 할 현금이 있다. 우리가 갖고 있는 자산은 계속해서 감가상각이 되고 있기 때문에 미리 채워주어야 하는데 많은 회사가 그렇게 하지 않는다. 감가상각비가 실제 현금으로 빠져나가는 게 아니니 피부로 느끼지 못하는 것이다. 그러나 회사에서 사용하고 있는 기계장치는 언젠가 다시 재투자를 해주어야 하고 그 돈은 지금부터 적금을 들어서 마련해두어야 한다. 갑작스럽게 목돈이 들어가서 힘든 경험이 있다면 미래에 대한 준비를 안 했기 때문이다.

이 책에서 설명한 현금관리시스템의 실체는 곧 자동이체시스템이다. 현금관리를 위해서 특별히 뭔가를 해야 하는 것이 아니라 시스템만 걸어놓으면 자동으로 알아서 현금이 관리되도록 하는 것이다.

현금경영의 핵심은 받고 나서 준다는 것이다. 들어오는 돈의 시기는 앞당기고 지출되는 시기는 돈이 들어온 뒤로 미루어놓는 것이다. 그러기 위해서는 매출대금을 회수하는 데 초점을 두어야 하고 지출기한을 늦추되 약속한 날짜에 반드시 지급하도록 해야 한다. 그리고 미래에 한꺼번에 나갈 돈을 통장을 만들어서 지출되도록 해야 한다. 이 3가지 현금관리시스템을 지킨다면 최소한 현금이 없어서 어려움을 겪는 일은 방지할 수 있을 것이다.

돈의 물줄기가 마르지 않는 1급 장사의 비밀

현금이 도는 장사를 해라

초판 1쇄 발행 2015년 9월 25일
초판 2쇄 발행 2017년 2월 22일

지은이 손봉석
펴낸이 김선식

경영총괄 김은영
기획·편집 박지아
콘텐츠개발1팀장 한보라 **콘텐츠개발1팀** 박지아, 봉선미, 임보윤, 이주연
마케팅본부 이주화, 정명찬, 최혜령, 양정길, 박진아, 최혜진, 김선욱, 이승민, 이수인, 김은지
전략기획팀 김상윤
경영관리팀 허대우, 권송이, 윤이경, 임해랑, 김재경
외부스태프 디자인 엔드디자인

펴낸곳 다산북스 **출판등록** 2005년 12월 23일 제313-2005-00277호
주소 경기도 파주시 회동길 357 3층
전화 02-702-1724(기획편집) 02-6217-1726(마케팅) 02-704-1724(경영관리)
팩스 02-703-2219 **이메일** dasanbooks@dasanbooks.com
홈페이지 www.dasanbooks.com **블로그** blog.naver.com/dasan_books
종이 한솔피엔에스 **출력·제본** 갑우문화사 **후가공** 이지앤비 특허 제10-1081185호

© 2015, 손봉석

ISBN 979-11-306-0618-7 (13320)

· 책값은 뒤표지에 있습니다.
· 파본은 구입하신 서점에서 교환해드립니다.
· 이 책은 저작권법에 의하여 보호를 받는 저작물이므로 무단 전재와 복제를 금합니다.
· 이 도서의 국립중앙도서관 출판시도서목록(CIP)은 서지정보유통지원시스템 홈페이지(http://seoji.nl.go.kr)와 국가자료공동목록시스템(http://www.nl.go.kr/kolisnet)에서 이용하실 수 있습니다. (CIP제어번호 : CIP2015025080)

다산북스(DASANBOOKS)는 독자 여러분의 책에 관한 아이디어와 원고 투고를 기쁜 마음으로 기다리고 있습니다.
책 출간을 원하는 아이디어가 있으신 분은 이메일 dasanbooks@dasanbooks.com 또는 다산북스 홈페이지 '투고원고'란으로 간단한 개요와 취지, 연락처 등을 보내주세요. 머뭇거리지 말고 문을 두드리세요.